自由之丘

Learning to Silence the Mind —— wellness through meditation

OSHO

心的十四堂課

奧修——著
蔡孟璇——譯

奧修
最切合現代人需求的靜心指導

譯序

與奧修的相遇是在二十一年前東海大學旁的一間舊書店。當時，我好奇地讀著偶然拾起的《橘皮書》，驚訝於紙頁上的安靜字句，竟有如雷灌耳的力量！一個全新的視野在我生命中打開了。即使往後的日子裡我又接觸了各式各樣的靈性修習資訊，他依然是我永遠的師父。

奧修的話語是最輕鬆幽默的，卻也是最震撼的；他所探討的是生命中最嚴肅的主題，卻總能用最貼切的笑話來傳達他的智慧洞察——他會讓你邊笑邊流淚……。奧修就像一座取之不竭的寶庫，他在悟道後為了與聽眾溝通而大量閱讀，在演講中評論了關於佛教、道家、伊斯蘭蘇菲派、基督教、印度教、耆那教等各教乃至現代哲學、心理學等的重要思想、經典與代表人物。這樣一個了悟一己真實本性，且能以如此高度闡釋古今靈性宗派之奧義的人，不僅千載難逢，更注定超前他的時代太多。我常想，在提升人類整體意識與促進和平的道路上，我們需要的或許是更多的了解，而不是更多的見證與說服——奧修為我帶來的正是深深的了解以及隨之而來的接受與自由。

最早為台灣讀者引介並翻譯奧修作品的謙達那先生，在一開始即使用了「靜心」和「頭腦」

這兩個詞，貼切地傳達了奧修一再提及的meditation與mind這兩件事，至今我仍對他心存感激。多年來，謙達那先生的譯本早已深深烙印在我的腦海，因此初次接到這本書的翻譯工作時，除了欣喜不已之外，更是誠惶誠恐，一來雖身為譯者，卻是第一次有機會翻譯奧修的書，很難保持平常心，二來舊譯本的字句總是自動浮現，要跳脫多年耳濡目染的影響實在不容易！

除了努力做一個忠實的媒介，我也在奧修所提及的眾多人事物適時添加了注釋或古譯名，希望為讀者提供一些便於融會貫通的背景資料。例如奧修所謂的mind（頭腦），指的特別是理性之智與思辨，即思想、意念，那構成自我（我）的虛幻內容。因此no-mind（沒有頭腦）即佛法概念中常說的「無念」或「無心」。我們在許多書籍裡常見的「正念」與「活在當下」——持續地記住自己，有意識地覺知，不讓思想迷霧遮蔽視野——亦是同樣的意思。

語言文字終歸是受限的，重要的是體會其背後的意義，傾聽音符之間的寧靜樂章。奧修說：「頭腦結束的地方，靜心才會開始。」喋喋不休的頭腦就是問題所在，本書就是要告訴我們如何透過靜心與觀照來教育頭腦，為它裝上開關，讓我們能隨時將它關上，成為它的主人，同時也讓它成為一個有效率的僕人。

頭腦在黑暗中摸索出路，靜心直接看見那道門在哪裡。「如果內在的喋喋不休能有一刻的止息，你將能夠瞥見『無念』（no-mind）的狀態，那就是靜心之道。」「頭腦思考，靜心知曉。」「靜心是清楚，一種視野的絕對清楚。」奧修如是說。

如果你對奧修感到陌生，不妨暫且拋開過去的定見，放開心胸聆聽來自空性的智慧流露。無論你是佛教徒、基督徒或無神論者，都別擔心你會因而離棄自己的廟宇，走入「他的」廟宇，相反地，他會帶領你朝著自己內在廟宇的更深處探索。無論如何，都不會有什麼損失，誠如奧修曾經說過的，會失去的並不真實，真實的永遠不會失去。

目錄

1

靜心是什麼？

要說些什麼關於靜心（meditation）的事，它的措辭將會是矛盾的。你可以擁有它、你可以成為它，但是就它的本質而言，你卻無法明確說出它是什麼。儘管如此，還是有許多人努力以各種方式傳達個中要義。雖然一個人只能藉由這種方式獲得片段的、部分的理解，但這樣的結果已經超乎你所能預期。不過，即使是對靜心的部分理解，也能成為一顆種子。這大半取決於你如何傾聽，如果你只是「聽見」，那麼即使是片段的訊息也無法傳達給你，但是如果你「傾聽」……請試著了解這兩者的不同。

聽見是機械性的，你有耳朵，你能聽見聲音。如果你快要失聰了，機械性的修復能使你再度聽見聲音，你的耳朵只不過是接收聲音的某種機制。聽見聲音是件簡單的事：動物也能聽，任何有耳朵的人都能聽——但是傾聽的層次要高出許多。

傾聽的意思是：當你在聽的時候，你就只是聽，不做別的事——頭腦裡沒有任何思想、內在天空沒有烏雲——那麼，任何說出的話，在它說出的那一剎那，就能直抵你的心。沒有頭腦的介入；沒有經過你的詮釋；沒有經過你的偏見篩選；沒有被任何當下經過你內在的東西所遮蔽——因為這些全是扭曲。

通常這並不難，你一直藉由「聽見」在處理各種事務，因為你所聽之事是關於普通客體（對象）。如果我說些關於房子、門、樹木、鳥兒等的事，一點問題也沒有。這些全是普通客體，傾聽是不需要的。但是，當我們談論像靜心這種事的時候，就需要傾聽了，因為它完全不是個客體，而是一種主觀（主體）的狀態，我們只能指出它。你必須非常留意、警覺——那麼某些意義便可能傳達給你。

即使你只生起了一點點的了解，也已經太足夠了，因為了解有它自己的滋長方式。如果有一點點的了解落入了心中正確的位置，它就會自己開始滋長。

首先，盡力了解「靜心」這個詞彙的意義。其實它並無法正確描述每一位真正的求道者必定會關心的那種狀態，因此，我想要告訴你一些其他的字彙。在梵文裡，我們有個專指靜心的特殊字彙，那個字就是 dhyana[①]。在其他語言裡，同樣意義的字並不存在，因此這個字是無法翻譯的。兩千年來，大家都認知到這個字無法翻譯，理由很簡單，因為其他語言的使用者從來不曾嘗試或體驗過它所指出的狀態，因此那些語言裡沒有這個字彙。

唯有當你要說些什麼、指出些什麼事的時候，才需要字彙。英文裡有三個類似的字：第一個是「專注」（concentration，集中注意力，專心）。我讀過許多立意良好的人撰寫的書，但他們不是真正體驗過靜心的人。他們不斷使用專注這個詞來代表 dhyana——但是 dhyana 不是專注。專注，僅僅表示你將頭腦的焦點集中在某一點上——那是一種頭腦的狀態。通常，頭腦總是不斷移動，但如果它一直在移動，你便無法將它運用在某個科目上。

①譯注 dhyana，古音譯爲禪那，也譯爲靜慮。

舉例來說，在科學領域，專注是必要的，若沒有專注，就不可能有科學。在東方，科學無法獲得重大進展並不令人意外——我看見了這些深刻的內在關聯——因為專注這件事從來就不受重視。就宗教品質（religiousness）而言，我們需要其他東西，不是專注。

專注是將頭腦的焦點集中於一處。它有它的功能，因為如此你便能夠在某個客體上越來越深入。那就是科學向來在做的事：發現更多再更多關於客觀世界的事情。一個頭腦總是不斷到處漫遊的人無法成為科學家。

整個科學家的藝術就是必須能夠忘記全世界，將你的整個意識灌注在唯一一件事情上。當整個意識傾注於一件事情上，就好比利用一副透鏡將陽光的光束匯聚起來：如此你就能夠創造出火焰。那些光束本身並無法創造出火焰，因為它們是分散的，它們射向了距離彼此越來越遠的地方，它們移動的方式剛好和專注相反。專注代表將光束集中起來、匯聚在一個點上，而當大量的光束聚集在一點，便具有足夠的能量創造出火焰。

意識也有相同的品質：讓它集中，你便能夠將客體的各種神祕樣貌穿透得越來越深。

我想起了一個愛迪生的故事：他是北美一位偉大的科學家。有次他非常專心地在研究一件事，他的妻子端了早餐過來，但是他投入到連她走近的腳步聲都沒聽見，甚至連看都沒看她一眼，完全沒有覺察到她的存在。她知道這時不該打擾他。「當然，早餐會變涼，但是如果我打擾他的話，他會很生氣——他是個從來不知道自己身在何處的人。」所以，她只是把早餐放在他旁邊，希望他從專注之旅回過神來的時候，會自己看見早餐，然後吃掉它。

但是結果呢？這時，剛好有一位朋友順道前來拜訪——他也看見愛迪生專注的神情，而且看見早餐快涼了，於是想：「最好讓他繼續研究吧。早餐快涼了，我就吃掉它好了！」於是他把早餐吃了。不過，愛迪生根本沒有覺察到這位朋友的來訪。

愛迪生從專注狀態回過神來之後，看了看四周，看見了那位朋友，又看見了空空的盤子，於是對朋友說：「真是很抱歉，你來晚了一步，我已經用過早餐了。」顯然，盤子空了，一定有人吃過東西，還有誰會這麼做？一定是他自己！他那可憐的朋友也不知如何是好！他本來想給愛迪生一個意外的驚喜，但眼前這人卻讓他更意外：他竟然說：「你來晚了一步……」

妻子看見了整件事的經過。她走進房裡，說：「他來得不晚，是你來晚了！他吃了你的早餐。我在一旁看著，我想反正它也快涼了，至少有人吃掉也好。你真是個不可思議的科學家呀！我真不懂你怎麼能搞科學。」

專注永遠是窄化你的意識。它變得越狹窄，力量就越大。它就像一把利劍，能夠穿透任何自然的祕密，你必須忘卻每一件事。然而這不是靜心，許多人誤會了——不僅西方如此，東方也一樣。人們以為專注就是靜心，因為它賦予你巨大的力量，但是這些力量依然屬於頭腦。

舉個例子，一九二〇年，印度瓦拉納西（Varanasi）的國王經歷了一項手術，並因他奇特的手術方式而攻占了世界各地的新聞版面。他拒絕使用麻醉劑，他說：「我已立下誓願不使用任何讓我陷入無意識狀態的物品，因此我不能使用氯仿[2]，但你們不必擔心……」

那是個大手術，目標是割除盲腸。要在不施以麻醉劑的情況下割除一個人的盲腸是件非常危險的事，你可能會讓他喪命。病人也很可能無法忍受痛苦，因為疼痛可能會非常劇烈。你必須把他的腹部割開，然後割掉盲腸、將它移除。這可能需要一小時，甚或兩小時——沒有人知道盲腸的狀況會如何變化。

但他不是普通人——否則他們可以逼他就範——他是瓦拉納西國王。他說：「別擔心……」

當時在場的有印度最優秀的醫生，還有一名英國專家。他們彼此商量著：沒有人準備好要動這項手術，但手術非做不可，否則盲腸隨時會破裂，危及生命安全。他的性命岌岌可危，兩種做法似乎都會造成嚴重後果：如果你不為他動手術，他隨時會喪命；但如果你不讓他失去意識就動手術——從來沒有人這麼做過，毫無前例可循……

但是國王說：「你們不了解我。沒有前例的原因，是因為你們動手術的對象從來就不是像你們現在要動刀的這個人。只要給我我的宗教聖典《薄伽梵歌》就行了。我會開始讀聖典，五分鐘之後你們就可以動手了。我一旦全心投入聖典，你們要割開我身體的哪個部位都可以——我甚至不會覺知到這件事，所以沒有痛苦不痛苦的問題。」

他如此堅持……而且反正不動手術也是死路一條，所以試一試也無妨。或許他說得對——他在宗教修持方面一向聲譽斐然。因此，他們遂著手進行。國王閱讀《薄伽梵歌》五分鐘之後，閉上眼睛，聖典從他手中滑落，手術開始進行，大約進行了一個半小時。情況十分危急：再晚個幾小時，盲腸就很可能破裂而導致死亡。他們順利割除了盲腸，而國王仍完全是有意識的、寧靜的——甚至連眼睛都沒有眨一下，他在別的地方。

那就是他修持了一輩子的功課：只要閱讀五分鐘聖典，立刻就能上軌道。他能口誦《薄伽梵歌》，沒有聖典在手也能背誦出來。一旦開始投入聖典內容，他就**真的**投入聖典裡了，他的頭腦在那裡——完全離開了他的身體。

那場手術躍上了全球的新聞版面，那是相當罕見的手術。但是相同的錯誤一再出現：每份報紙都稱讚瓦拉納西國王是位精通靜心的人。其實，他是個精通**專注**的人，不是靜心。

他自己也陷入相同的困惑裡，他也認為自己達到靜心狀態，其實不然。那只是你的頭腦強力聚焦於一件事，其他所有事情完全被排除於焦點之外，而使你對它們不知不覺。那不是覺知的狀態，那是一種窄化的意識狀態——窄化至一個點的程度，以致於存在的其他一切完全被排開了。

②譯注 一種麻醉劑。

因此，在我談論靜心是什麼之前，你必須先了解靜心不是什麼。

首先，它不是專注。

第二，它不是沉思（contemplation）。

專注是制於一點；沉思的範圍稍微廣一些。你正在沉思著美……有成千上萬種事物都是那麼美，你可以從一樣美的事物移到下一樣美的事物。你對美的經驗很豐富，也可以一再擁有不同的美的經驗，但你仍是受限於該主題上。沉思是範圍較廣闊的專注——不是集中於一點，而是受限於一個主題。你會移動，你的頭腦會移動，但它的範圍仍在主題之內。

科學使用專注作為它的方法；哲學則使用沉思作為方法。在沉思當中，你同樣忘卻了你的主題之外的每一樣東西。主題範圍較大，所以你有較多空間可以移動；在專注當中，你沒有移動的空間。你只能探入得越來越深、越縮越狹窄，你可以變得越來越專注於一點，但是沒有空間讓你到處移動。因此，科學家是心胸狹窄（narrow-minded）的人。我這麼說，你應該會大吃一驚。

人們會以為科學家應該心胸十分寬大，但情況並非如此。就他們所探討的主題而言，他們絕對是心胸寬大的：他們完全準備好傾聽任何違背自己理論的意見，而且抱持絕對公平的態度。但是除了那特定的主題之外，他們比一般的普通人更偏頗、更頑固。原因很簡單，他們從不關心其他事：他們會單純地接受社會上的任何信念。

許多宗教人士會如此吹噓：「你看看！他是多麼偉大的科學家，諾貝爾獎得主，」他這個又那個的，「可是他還是每天上教堂。」他們完全忘了，上教堂的不是獲得諾貝爾獎的那位科學家。不是「科學家」在上教堂，而是沒有科學部分的那個人在上教堂。而那個人，除了他科學的那部分之外，比其他任何人更容易受騙——因為其他人更開放、接受度更高，而且會思考其他事情。每個人都會比較、思考哪個宗教是好的，偶爾也會閱讀一些其他宗教的內容——而且多少有些常識，但科學家沒有。

要成為科學家，你必須犧牲幾件事——例如常識[3]。常識是常人具有的一種品質。科學家是非常人，因此他具有的是非常識。有常識無法讓你發現相對論或引力定律，但是有了常識，你可以做很多其他事情。

舉例來說，愛因斯坦處理的是非常龐大的數字，甚至一個數字就能占據一整個頁面——後面有好幾百個零的數字！他全心投入這些龐大的非常數字運算裡，以致對一些小事渾然不覺。一天，他踏上一部公車，付了車資給收票員，收票員找了一些零錢給他。愛因斯坦數了數這些錢，然後說：「這不對，你在騙我。請找給我足額的錢。」

③ 譯注　common sense，此處涵義不限於狹義的一般知識，更指廣義的尋常意識，即人們普遍共通的感受與反應。

收票員拿回零錢，又數了一遍之後說：「先生，看來你不懂算術。」

愛因斯坦回憶道：「當他這麼對我說：『先生，你不懂算術。』我只好收下那些零錢。我對自己說：『我最好閉嘴。如果有人聽見我不懂算術，而且還是從公車收票員口中聽見的……』那麼我這一輩子都在幹什麼？數字、數字、還是數字——我連做夢都沒夢見過別的，沒有女人、沒有男人——只有數字。我滿腦子數字、夢裡也都是數字，而這個白癡竟然跟我說『你不懂算術』！」

回到家之後，他告訴妻子：「數一數這些零錢，一共多少？」她數了數說：「找的錢沒錯。」

他說：「天哪！這表示收票員是對的：或許我真的不懂算術。或許我只能處理龐大的數字，小數字完全被排除在我的腦袋之外了。」

一個科學家必然會失去他的常識，同樣的事也發生在哲學家身上。沉思較為廣闊些，但仍然局限於某個主題。例如，有天晚上，蘇格拉底在思考一件事——人們永遠不知道他在想什麼——他站在一棵樹旁邊，完全沉浸在他的思考當中，根本沒有覺察到天空已經開始下雪了。隔天早晨，人們發現他快要凍成冰棒了，雪已經積到他的膝蓋，他卻依然杵在那裡，閉著眼睛。他已置身瀕死邊緣，甚至血液可能也快要結凍了。

他被帶回家裡，人們幫他按摩、拿酒給他喝，於是他又恢復尋常意識了。人們問他：「你在那裡做什麼？為什麼一直站在外面？」

他說：「我不知道我到底是站著還是坐著，也不知道自己在哪裡。我思考的主題實在太引人入勝了，讓我完全沉浸其中。我不知道雪什麼時候開始下的，也不知道已經過了一整晚。我可能會喪命，但我還是不會『回神』，因為這主題實在太迷人了。我還沒結束呢，那是個完整的理論，但你們中途叫醒我、打斷了我。現在我不知道是否還能找回那個未完成的理論。」這情況好比你正在做夢，有人突然叫醒你，你覺得自己可以閉上眼睛，努力讓自己睡著，然後找回同樣的夢嗎？要找回那個同樣的夢非常困難。

沉思是一種邏輯性的做夢，那是十分少見的事，但是哲學依賴沉思，哲學也可以為特定目的而使用專注這個手段，以協助沉思過程。如果主題內有一些較瑣碎的片段需要更多專注，那麼也可以運用專注的方法，這沒問題。哲學基本上就是沉思，但它偶爾也可以運用專注作為工具。

然而，宗教品質不能運用專注，宗教品質也不能運用沉思，因為它所關切的不是任何客體。無論那個客體是在外在世界或是在你的頭腦裡——一個念頭、一個理論、一套哲學——這都無所謂，它們都是客體。

宗教所關切的是專注的那個人、是沉思的那個人。

那個人是誰？

現在，你沒辦法專注於它。

是誰要專注於它？——你**就是**它。

你也無法沉思它，因為會是誰在沉思呢？你無法將自己切成兩半，一半放在頭腦前，一半開始對它進行沉思。不可能將意識分成兩半，即使有任何可能——其實是沒有的，但為了論辯之故，我才說如果有任何可能將你的意識切成兩半——那麼，在沉思著另一半的是你，而被沉思的那一半不是你。

另一半永遠不會是你。

或者，換句話說：客體永遠不是你。

你是那不可縮減與化約的主體。

不可能將你變成一個客體。

這就好比鏡子。鏡子能夠反映出你，鏡子能夠反映出世上任何東西，但你能夠讓鏡子反映出它自己嗎？你無法將鏡子放在它自己之前，當你將它放在它自己之前時，它已經不在那裡了。鏡子本身無法反映出它自己。意識完完全全就像一面鏡子，你可以用它來專注於某個客體，你也可以使用它來沉思某個主題。

英文字的 meditation 也不是個正確的字，但因為沒有別的字可用了，我們必須暫時使用這個字，直到 dhyana 的意義被英文吸收為止，就像它被中文、日文所吸收的情況——這些國家也出現了同樣的情形。兩千年前，佛教僧侶初次來到中國時，他們也曾絞盡腦汁想找出合適的字來翻譯 jhana ④這個字彙。

佛陀從來不用梵語作為他的語言，他使用的語言是當時一般人使用的語言，他用的是巴利語。梵語是祭司、教士的語言、是婆羅門⑤的語言，而這是佛陀的革命中最基本的項目之一，也就是教士階級應該被推翻，它不需要存在。人可以直接與整體存在連繫，不必透過代理人。事實上，這件事根本無法透過中介者來達成。

這不難理解：你無法透過一個中介者來愛你的女友或男友。你不能對某人說：「我付你十塊錢——麻煩替我愛我老婆。」連你的僕人也無能為力，沒有人能替你辦到，只有你自己能做這件事。愛，無法由僕人替你來愛——否則有錢人根本不會招惹那些煩人的情事。他們的僕人夠多、錢夠多，只要差遣僕人去搞定就行了。他們可以找到最優秀的僕人，何必大費周章自己來呢？然而，就是有一些事情你必須親力親為。僕人不能替你睡、僕人不能替你吃。

那麼，何以一個教士，一個僅僅是僕人身分的人，要擔任你與存在，或神，或自然，或真理的中介人呢？教宗甚至說過，任何試圖與神直接接觸的行為都算是一種罪——一種罪！你

④譯注 jhana，dhyana 的巴利文。
⑤譯注 印度種姓制度裡地位最高的貴族階級、掌握神權的祭司。

必須經由接受過正確受封儀式的天主教教士才能與神接觸，每一件事都有它的正確管道。它有它的階級體制、官僚體制，你不能繞過主教、教宗、教士牧師等神職人員。如果你繞過他們，就是直接闖進神的家門。這是不允許的，這是罪。

我非常訝異那位波蘭人教宗竟敢稱它是一種罪，說人沒有與生俱來的權利可以接觸存在或真理本身，因為要做這件事需要一個正確的代理人！但是，誰有權決定誰才是正確的代理人？世界上有三百種宗教，全都有他們自己的官僚體制、有他們的正確管道，而且他們全說其他兩百九十九種宗教都是假的！

唯有讓它自己變得絕對必要，教士階級才能存在。它是絕對不必要的，但是它必須將自己強加於你，讓它變成一件無法避免的事。

當我聽見這個消息，說任何試圖與神直接接觸的行為都是一種罪時，我懷疑摩西當時在做什麼。那就是直接接觸：沒有中介人、沒有其他人在場。當摩西在燃燒的荊棘裡遇見神的時候，現場沒有任何見證人⑥。根據波蘭教宗的說法，他可是犯下一個大罪了。

誰是耶穌的代理人？總需要某種仲介吧，但是他也是自己祈禱、直接接觸神的。他並未付錢請人替他祈禱，他親自祈禱。他不是主教、不是樞機，更非教宗。若根據波蘭教宗的說法，這些全是罪人。

真相是，深入探究存在、探究生命，發現它們到底是什麼，是你與生俱來的權利。

沉思是理論性的，你可以不斷將事物理論化……那也會奪走你的「常識」。例如，康德是出現在這世上最偉大的哲學家之一。他終生居住在同一個城鎮，只為了一個簡單的理由：任何改變都會干擾他的沉思——包括新房子、新鄰居……一切事物必須一模一樣，他才能無拘無束地沉思。

他從未結婚。曾有個女人向他求婚，但他說：「我必須仔細想一想。」這種答案可能是絕無僅有的。通常求婚的是男人，但她一定是等太久了，她發現這個男人還是不求婚，乾脆自己求婚。可是他說什麼呢？——「我必須仔細想一想。」於是他沉思了三年，權衡了所有贊成婚姻的理由與反對婚姻的理由，但問題是，正反兩面的理由一樣多，彼此制衡、抵消掉了。因此，三年後，他前往那女人家敲門，說：「我實在難以下定論，因為兩面都同樣成立、分量相當，我無計可施，除非我發現其中一種做法比另一種更合乎邏輯、更科學、更合乎哲學。所以請原諒我，妳可以和別人結婚。」

前來應門的是女人的父親，但這位父親說：「你來得太晚了，她已經結婚了，甚至都有一個孩子了。你真是個不可思議的哲學家呀——已經過了三年，你才來回答她的問題！」

康德說：「反正，答案不是『我願意』，但你可以轉告你女兒，說我沒有能力找出答案。

⑥譯注 在《出埃及記》中，神在燃燒的荊棘中顯現，對摩西說話。

我已經盡力嘗試，但我必須誠實公正：不能騙自己——不能只接受贊成的理由，丟棄反對的理由。我無法欺騙自己。」

此人一向每天同一個時間準時到大學裡教書。人們一見到他就開始校正自己的時鐘與手錶：你可以很篤定，分秒不差——他的行動就像時針一般規律。他的僕人曾表示，不能說：「主人，你的早餐準備好了，」這樣不行，要說：「主人，現在是七點半。」「主人，現在是十二點半。」不需要說現在是午餐時間，只要說是十二點半……只要告訴他時間就好。

每件事都是固定的。他完全沉浸在自己的哲學思考裡，導致養成了依賴性——幾乎成了自己僕人的僕人，因為他的僕人隨時會威脅他：「我要離開了。」僕人心知肚明，康德根本不能沒有他。如此威脅了幾天之後，康德會說：「好，你走吧。你把自己看得太重要了，你以為沒有你我就活不下去，我就不能另外找一個僕人嗎？」

僕人說：「你試試看啊。」

然而，新僕人根本無法勝任，因為他不曉得必須報時這件事。他會說：「主人，午餐準備好了。」——僅僅是如此就已經打擾了康德。他一大清早就要起床，準時五點整，他給僕人的指示是：「就算我揍你、大吼大叫，對你說『滾蛋！我要睡覺！』你也不能離開。就算你必須拳打腳踢，把我拖下床，也要讓我起床。」

「五點就是五點。如果我晚起，你要負全責。你有權使出任何手段，那是你的自由，我沒意見，因為有時候天氣太冷，我會睏得要命……但那是暫時的情況，你不必管它。你必須依照時鐘和我的指示行事。我很睏的時候，你不必理會我說些什麼。我可能會說『滾開！我會起來啦！』可是你不能離開，你必須在五點準時讓我下床。」

有許多次，他們大吵一架，僕人就會揍他、強迫他下床。現在，新僕人可辦不到——揍他的主人？而且這種指示顯得十分可笑。「如果你想睡就睡；如果你想起床就起床。我可以五點鐘準時叫你，但這太怪異了，我們竟然還要比賽摔角?!」於是，其他新僕人紛紛鎩羽而歸。康德不得已只好回去找原來的僕人，請求他：「回來吧！而且你不能比我早死，否則我就得自殺了。」每次發生這樣的事，僕人就趁機要求加薪，同樣的劇情一再重演。

一天，康德正要前往大學，當時下著雨，他的一隻鞋不小心陷入了泥巴裡。於是他將那隻鞋留在原處，因為要是他設法拔出鞋子就會遲到幾秒鐘，而那是不可能發生的。他只穿一隻鞋走進教室，學生看著他，問：「怎麼了？」他說：「只是有隻鞋卡在泥巴裡了，但我不能遲到：有這麼多人對照我調整手錶和時鐘。我的鞋不重要，我回家的時候會將它拿回來，誰會偷一隻鞋呢？」

這些人已經失去常識了，他們是活在一個不同的世界裡。不過就他的理論世界而言，康德是個頂尖的邏輯學家，你在他的邏輯裡找不到任何缺陷，然而在他的生活裡呢？……簡直荒唐。有人買了他家隔壁的房子，康德就生病了，而且病得很重。醫生怎麼也找不出原因，因為他似乎沒有任何疾病或感染的跡象，但是康德竟處於垂死邊緣、奄奄一息——莫名其妙地。

他的一位朋友前來探望他，說：「沒問題的。在我看來，這是因為有人買了他家隔壁的房子，而且還種了一些矮樹叢，把康德的窗戶遮住了。日落時分站在窗戶前欣賞日落，是他精確時間表的一部分。現在那些矮樹叢長得太高了，擋住窗戶，那就是造成他生病的唯一原因：只要他的時間表亂了，他的整個生活就亂了。」

康德起身說：「我也在思考是不是哪裡出錯了，為什麼我會生病？——醫生說我沒病，但我卻奄奄一息。你說得對，就是因為那些矮樹叢：自從那些矮樹叢長高之後，我就看不見日落了。我一直覺得若有所失，但卻想不通我到底錯失了什麼。」 於是他們請求鄰居改善，他們也願意配合——如果因為那些區區的矮樹叢，一個如此偉大的哲學家就會喪命的話……於是他們砍掉矮樹叢，隔天康德便完全恢復了。他的行程表被打亂了。如果它完美進行，他便擁有沉思的完全自由。他想要讓生活變成像機器人一般，好讓他的頭腦能完全免於日常的、世俗的事務。

宗教品質不是沉思。

它也不是專注。

它是靜心。

但是靜心必須被理解為dhyana，因為英文字裡的meditation⑦，仍然傳達出錯誤的概念。首先，讓我們探討這個字在英文裡的涵義，每當你說到默想，人們就會問你：「默想什麼？你在默想些什麼？」必須有個對象（客體）才行。默想這個字本身即指涉了一個客體的存在，譬如：「我在默想美、默想真理、默想神。」但你不能只是說：「我在默想……」這句話在英文裡是未完成的。你必須說你在默想什麼——你在默想些什麼？那就是麻煩所在。

dhyana意味著「我在靜心裡」——甚至不是「我正在靜心」的意思。如果要更貼切一些，即是「我是靜心」——那就是dhyana的涵義。因此，當初在中國，他們無法找到任何貼切的字眼，於是他們借用了一些字，即成了佛教中的禪。佛陀使用的是**jhana**這個字，這是dhyana的巴利語變化型。

佛陀使用一般人的語言，這是他的革命性創舉之一，他說：「宗教必須使用大眾化的、普遍的語言，如此便可以揚棄教士制度。它是不需要的，人們可以了解他們的典籍、他們的經文，人們了解自己在做什麼，不需要祭司、教士。」

教士之所以需要，是因為他使用了一般人不可使用的另一種語文，然後再不斷強化一個概念，說梵文是神聖語文，並非人人都准許閱讀。它是一種特殊語文，就好比醫生的語文。你

⑦**譯注** meditation在此處暫且譯為英文的傳統原意「默想」，而非奧修賦予新意義的「靜心」。

是否曾想過，為何醫生一直用拉丁文和希臘文開處方？這是哪門子蠢事？他們不懂希臘文，也不懂拉丁文，只懂得那些藥名，但他們的藥名總是以希臘文和拉丁文表示，這和教士的伎倆一樣。

如果他們用一般人的語文來寫，就無法像現在一樣，收取那麼高的費用了，因為你會說：「這種處方──你竟然要為這種處方收我二十塊錢？」此外，化學師、藥劑師也不能收那麼多錢了，因為人們會知道，他們在市場就可以用一塊錢買到同樣的東西，而你卻收五十塊錢。如果用拉丁文和希臘文寫，你就不知道那是什麼。如果他們寫下「洋蔥」，你會說：「你在開玩笑吧？」但如果那是拉丁文或希臘文，你根本看不懂，只有醫生和藥劑師看得懂。他們的書寫方式也很重要，必須寫成你讀不出來的字跡。如果你可以讀得出來，也許會回去查字典，看看那是什麼字。它必須寫成無法閱讀的樣子，你才沒有辦法理解。

佛陀反抗梵文，使用巴利文。在巴利文裡，dhyana 就是 jhana。jhana 流傳到中國，變成了禪。他們的語文沒有這個字，因此音譯了 jhana 這個字──隨著它流傳到每一個國家，發音總是會隨著改變。當它流傳到日本，又變成 Zen，但它們說的都是同一個字：dhyana。現在我們在英文裡借用 meditation 來表示 dhyana，所以，它可不是什麼供你默想的對象。

在英文裡，默想是用來描述某種介於專注與沉思之間的事。專注是聚焦於一點，沉思的範圍廣一些，而默想是那範圍裡的一個片段。當你在沉思某個主題時，其中有幾件事需要你多加注意，於是你默想。那就是默想（meditation）在英文裡的意思：專注與沉思是兩極，中間點恰好是默想。但是，我們在此不用英文原來的意思，我們將賦予它一個全新的意義。

我要告訴你一個我一向很喜愛的故事，它會解釋什麼是靜心。

有三個人在清晨一同散步，他們看見一位佛教僧人站在一座山丘上，什麼事也沒做，於是他們開始討論那傢伙到底在幹嘛。其中一個說：「就我這個角度看來，他正在期待某個人的到來，他在等人。也許有個朋友落在後頭，他正在等他，期待他會趕上。」

第二個人說：「看他的樣子，我不同意你的說法，因為如果他在等待落後的朋友，他會偶爾回過頭看看朋友來了沒有，看看自己還要等多久，但是他從來沒有回頭，就光是站在那裡。我認為他不是在等人。我的感覺是，這些佛教僧人擁有一些牛。」在印度，他們會在早晨擠牛奶做早茶，否則你必須一大早就出外化緣，才有一杯早茶喝。

第二個人說：「我覺得是他的牛走丟了，不知跑哪兒吃草去了，他只是在找牛而已。」

第三個人說：「我不同意。如果一個人在找牛，沒必要像一尊雕像一般站在那兒。你必須到處走動，你得要東找找、西找找的，但他甚至連臉都不曾由東轉向西一下子。別提他的臉了——連他的眼睛都是半闔的。」

他們距離僧人越來越近，因此現在可以把他看個清楚了。第三個人說：「我覺得你說得不對，我認為他在靜心。我們怎麼決定誰說得對呢？」

他們說：「這沒問題，我們現在離他很近，可以去問問他。」

第一個人於是問僧人：「你在期待落後的朋友來，你在等他嗎？」

佛教僧人張開眼睛說：「期待？我從不期待任何事情。對任何事情有所期待違背了我的宗教修持。」

那人說：「我的天哪！甭提期待這件事了，告訴我——你在等待什麼嗎？」

僧人說：「我的宗教教導我，連下一秒都是不確定的。我怎麼能夠等待？哪裡有時間等待？我不是在等待。」

那人說：「那麼甭提期待、等待了——我不懂你的語言。只要告訴我，你是否有朋友落在後頭？」

他說：「還是一樣。我在世上沒有任何朋友，我在世上也沒有任何敵人——因為他們兩個都是一起來的。你不能篩選出其中一個，然後丟掉另一個。你看不出來我是個佛教僧人嗎？我沒有敵人，也沒有朋友。請走開，別打擾我。」

第二個人心想：「這下我有希望了。」他說：「我早就告訴過他，我跟他說『別胡說八道了，他不是在等待什麼，也不是在期待什麼——他是佛教僧人，他沒有朋友，也沒有敵人。』

你說得對。我的感覺是，你的牛走丟了。」

僧人說：「你甚至比第一個人還笨。我的牛？佛教僧人不會擁有任何事物。而且我為什麼要找別人的牛？我沒有什麼牛。」

那人一臉尷尬，現在怎麼辦呢？

第三個人想：「現在，唯一的可能就是我剛才說的。」他說：「我看得出來，你正在靜心。」

僧人說：「胡說！靜心不是某項活動，一個人不會正在靜心，一個人就是靜心。坦白告訴你們吧，以後你們才不會搞糊塗，其實我什麼事也沒做，就只是站在這裡，什麼都不做──這會惹人討厭嗎？」

他們說：「不會，這並不惹人討厭，只是說不通──就只是站在那裡，什麼事都不做……」

「但是，」他說，「這就是靜心。」

只是坐著，不做什麼──身體不做什麼，頭腦也不做什麼。一旦你開始做些什麼，你若不是進入沉思狀態，就是進入專注狀態，或者進入行動裡，但如此你已經偏離你的中心了。當你完全不做什麼事──身體、心理等各個層次皆然──當一切活動停止，你純粹如是，就只是存在，那就是靜心的真諦。你無法做它、無法練習它，你只需要了解它。

每當你撥出時間就只是存在，放下一切作為──思考也是一種作為、專注也是一種作為、沉思也是一種作為。即使只有短暫的片刻，你什麼事都不做，就只是安住於你的中心，徹底放鬆——那就是靜心了。而一旦你摸清楚它的訣竅，你就可以維持那個狀態，想要多久就多久，最後，你可以一天二十四小時都維持在那個狀態。

一旦你覺察到一己的存在本質可以維持不受干擾的狀態，那麼慢慢地，你就可以開始做一些事，同時保持敏銳覺知，確保你的存在本質不被打擾。那是靜心的第二部分。首先，學習如何就只是存在，然後，學習做一些小行動：例如掃地、沐浴等，但是記得讓自己安住於中心。接下來，你就可以做複雜一些的事情。

例如，我正在對你說話，但我的靜心並不受干擾。我可以繼續說話，但是在我最中心的部分，連一個漣漪都不起，它純然是寧靜的、完全寧靜的。

因此，靜心並不反對行動。

它不是要你逃避生活。

它只是教給你一種新的生活方式。

你將變成旋風的中心。

你的日子會繼續過下去，而且其實強度會變得更強——更喜悅、更清楚、更多視野、更多創造力——但是你能夠淡然處之，就像你只是一個山丘上的觀看者，單純地看著一切事情發生在你周遭。

你不是那個做者，你是觀者。

那就是靜心的所有祕密──你變成一個觀者。作為將在它自己那個層次上繼續進行，沒有問題：砍柴、打井、挑水等。你可以做任何大大小小的事，只有一件事不許做，那就是你不可以失去你的中心。那一份覺知、那一份觀照，必須維持絕對的清澈無染、不受干擾。

靜心是一個非常簡單的現象。

專注非常複雜，因為你必須強迫自己，那是件累人的事。沉思好一些，因為你有較多空間可以移動，你不是只能在一個越來越狹隘的小洞裡面移動。

專注是一種管窺。你曾見過隧道嗎？從你觀看的那一頭看起來，隧道很大，但如果隧道有兩英里長，另一頭看起來就會變成一個小圓點，就只是一小點：隧道越長，另一頭看起來就越小。越偉大的科學家，隧道就越長，因為他必須聚焦，而聚焦永遠是一件緊繃的事。

專注對頭腦而言是不自然的。頭腦是個流浪漢，它喜歡從一件事移動到下一件事，它總是被新事物所吸引。在專注當中，頭腦幾乎是被囚禁的。

第二次世界大戰時，我不知道是什麼原因，他們開始將那些拘留囚犯的地方稱作「集中營」(concentration camp)⑧。他們有他們的意思──將各式各樣的囚犯集合至一處，集中管

⑧譯注　專注與集中營的「集中」英文字相同。

理。但是專注（concentration）實際上是將你的頭腦與身體集合至一處，將它們集中到一個越來越狹窄的洞裡，那是件累人的事。在沉思中，你擁有稍微多一點空間可以到處遊玩、走動，但同樣是個受到局限的空間，而非無拘無束。

靜心，以我的觀點而言，擁有全部的空間，擁有存在的整體。你是個觀看者，你可以觀看所有的事件。不必費力專注於任何事，也不必費力沉思任何事。你不需要做這些事情，你只是單純地觀看、覺知。這是一種訣竅，不是一門科學。它不是藝術，不是手工藝，它是訣竅。

因此，你必須持續玩味這個概念。在你的房間裡靜靜坐著，只要像遊戲般玩味「什麼事都不做」這件事，有一天，你會很訝異地發現：就只是玩味著這樣的概念，事情就發生了——因為它正是你的本性。在對的時間點……你永遠不會知道對的時間點是什麼時候、對的機會什麼時候來臨，因此你必須持續玩味。

有人問亨利．福特一個問題——因為當時他說了一句話：「我的成功只不過是在對的時間點抓住了對的機會。人們要不是認為機會存在於未來，無法抓住，就是認為機會已經流逝。當它們經過時，只剩路上揚起的一片塵埃，那時他們才覺察到機會已逝。」

有人問他：「但是如果你不想未來的機會，也不想過去流逝的機會，你怎麼能在它來臨時，突然抓住它？你必須準備好才能這麼做。」

他說：「不是要準備好——你必須持續跳動。一個人永遠不知道它什麼時候要來。當它來時，就跳上去！」

亨利．福特的這番話意味深長。他說：「你只要持續跳動。不要等待，別去管機會是否在那裡：就只要持續跳動。你永遠不知道它什麼時候要來。當它來臨，就跳上去抓住它。如果你不斷引領盼望未來，猜想機會什麼時候來……未來是無法預測的。如果你一直等待，想著『當它來臨我會抓住它』，那麼等你覺察到它的存在時，它早就不在了。時間轉瞬即逝，無比迅速，只留下塵埃。」

「倒不如，」他說，「忘了機會吧，只要學習如何跳動，那麼當它來的時候……」

那就是我要對你說的話：只要持續玩味這個概念。我用的是『玩味』這個字，因為我不是個嚴肅的人，我對宗教的探究方式也是不嚴肅的。只要持續玩味——你的時間很充裕。隨時——躺在床上時，如果仍未有睡意，就好好玩味這個概念。何必為睡覺煩惱？——它要來的時候就會來。你無法做任何事將它帶來，它不在你的掌握中，因此，何必為它煩惱？一件不在你掌握中的事，就忘了它吧。這段時間在你的掌握中，何不好好利用它？躺在床上，在寒冷的夜晚躲在溫暖的被窩裡，舒適愜意——好好玩味這個概念吧。你不需要擺好蓮花坐姿（盤腿打坐）。在我的靜心方式裡，你完全不需要虐待自己。

如果你喜歡蓮花坐，那也很好，你可以採取這種坐姿。不過西方人前往印度時，花了六個月的時間才學會蓮花坐，這對他們是件十分痛苦的事。而且他們以為學會蓮花坐之後就會得到些什麼。整個印度的人都是以蓮花坐的姿勢坐著——沒人得到什麼。那只是他們自然的坐姿。在寒冷的國家，你需要一張椅子，你不能席地而坐。但是在炎熱的國家，何必麻煩找椅子？你可以坐在任何地方。

不需要特別的姿勢，不需要特別的時間。有些人認為必須有段特別的時間，不必，靜心不需要如此，隨時都是對的時間——你只需放鬆、帶著遊戲的心情。如果它沒有發生，無所謂，不需要難過……因為我不是在告訴你它今天就會發生，或明天就會發生，或是在三個月內、六個月之內發生。我不給你任何期待，因為那會對頭腦造成緊張。它隨時都可能發生，也可能不會發生：這端看你玩味、遊戲的程度如何。

只要開始玩味——在浴缸裡，當你沒事做時，何不開始玩味、遊戲？站在蓮蓬頭下，你什麼事都沒做，是蓮蓬頭在做它的工作，你只是站著罷了。就在那幾分鐘的時間裡，好好玩味。在路上走路時——走路這件事可以由身體完成，不需要你，雙腿在做這件事。當你隨時覺得可以放鬆、不緊繃時，好好玩味我所解釋過的靜心真義。只要寧靜，安住於自己的中心，那麼有朝一日……只有七個日子，不必擔心！星期一，星期二，星期三，星期四，星期五，星期六，或至少星期日的時候——在這七天之內——有一天它就會發生。只要好好享受這個概念、好好玩味這個概念，盡可能次數越多越好。如果什麼都沒發生——我並未向你保證任何事——如果什麼都沒發生，那也完全很好，你享受了這個過程，你玩味了這個概念，給過它機會。

繼續給它機會吧！亨利．福特說：「持續跳動，當時機來臨、機會來臨時，就跳上它。」我會倒過來說：只要持續給靜心一個機會，那麼當對的時機來臨，你也真正放鬆而開放時，它就會跳上你。

一旦靜心跳到你身上，它永遠不會離開。不可能。

所以，玩之前要想清楚！

2

靜心是你的本性

什麼是靜心？它是一種可以練習的技巧嗎？它是一種你可以努力去做的事嗎？它是一件頭腦可以達成的事嗎？不是。

頭腦能夠做的一切事，都不可能是靜心——它是超越頭腦的，頭腦在此完完全全無能為力。頭腦無法穿透靜心，頭腦結束的地方，靜心才會開始。這一點務必牢記，因為在我們的生活中，無論做什麼事，我們一向透過頭腦而做；無論達成什麼事，我們皆一向透過頭腦來達成。那麼，當我們轉向內在時，我們也會開始從技巧、方法、作為的角度來思考，因為我們所有的生活經驗一再告訴我們，每一件事都能由頭腦達成。是的，但是除了靜心之外，每一件事確實都能由頭腦達成；每一件事其實都是由頭腦達成的，除了靜心之外。因為靜心不是一項成就——它本已是如此，它是你的本性。它不需要被達成，它只需要被認出、只需要被憶起。它就在那裡等候你——只要向內轉，它就在那裡。你一直、永遠都攜帶著它。

靜心是你內在固有的本質——它就是你，它就是你的存在本質（being），它與你的作為（doing）無關。你無法擁有它，你也無法不擁有它，它無法被持有。它不是物品。它是你，它就是你的存在本質。

一旦你了解什麼是靜心，事情就豁然開朗、變得很清楚。否則，你很可能繼續停留在黑暗中摸索。

靜心是一種清楚明白的狀態，不是頭腦的狀態。頭腦就是困惑。頭腦從來就不清楚，它無法是清楚的。思想在你的周圍製造出烏雲——它們是非常精微的烏雲。它們創造出一團迷霧，於是你便失去了那份清楚。當思想消失，你的周圍不再有烏雲，當你安住於自己最單純的存在本質，清楚自然出現。那麼，你便可以看得很遠，你可以望向整體存在的盡頭，你的凝視變得具有穿透力——直抵所有存在的最核心。

靜心是清楚，一種視野的絕對清楚。你無法思考它，你必須丟棄思考。當我說「你必須丟棄思考」，請別驟然下結論。因為我不得已必須使用語言，所以我說「丟棄思考」——但是如果你開始丟棄，你將會錯失要點，因為你又再度將它縮小為一項作為。

「丟棄思考」只是表示：別做任何事。坐著，讓思想自己沉澱下來。讓頭腦自然而然自行脫落。你只要坐著，在一個安靜的角落凝視著牆壁，什麼事都不做。放鬆、柔軟，不去費力做什麼。不去任何地方，這就好比你在清醒的狀態下進入睡眠——你是清醒的，你很放鬆，但是你的整個身體正逐漸進入睡眠。你的內在仍保持警醒，但是身體全然進入了一種深沉的放鬆狀態。

思想會自然而然沉澱下來，你不必跳進它們中間，不必試圖矯正它們。這情況就像是一條溪流變得混濁時……你會怎麼做？你會跳進溪流裡，然後開始協助溪流，讓它變清澈嗎？這麼做只是讓它更混濁罷了。你只要坐在岸邊，你必須等待。沒有什麼事可做，因為無論你做什麼，都會讓溪流變得更混濁。如果有人涉溪而過，擾動了枯葉和淤泥，你只需要保持耐心。

你只要坐在岸邊，保持距離地觀看。溪流繼續流動時，枯葉會被帶走，污泥也會逐漸沉澱，因為它無法永遠懸在那裡。經過一陣子之後，你突然間會變得覺知——溪流再度清澈了。

每當有欲望經過你的頭腦，溪流就變得混濁。這時，只要坐下，別試圖做任何事。在日本，這種「只管坐著」的方式稱為「坐禪」（zazen），只是坐著，什麼事都不做。那麼有一天，靜心會突然發生。並非是你將它帶來，而是它來到你身上，而當它來臨時，你立刻就能認得它，它一直都在那裡，但你卻沒有往正確的方向看。這份寶藏一直在你身上，但你卻老是一頭栽進別的事務：栽進思考、欲望、還有一千零一件事情裡。你只對一件事不感興趣……那就是你一己的存在本質。

當你的能量轉向內在——佛陀所謂轉識成智的轉（paravṛtti，或轉捨、轉得之意）——突然之間你的能量轉回至源頭——清楚而明白的狀態頓時為你所有。那麼，你就可以看見千里之外的雲、可以聽見松樹所吟唱的古老樂音，萬物皆可為你所得。

有幾件關於頭腦的事你必須了解。因為你對頭腦的機制了解得越多，就越有可能不去干涉。你對頭腦的運作方式越是了解，就越有可能在「坐禪」裡靜靜坐著，只是坐著而不做任何事，你也越有可能讓靜心自行發生。它是一種發生。

充分了解頭腦是有助益的，否則你可能會繼續做一些助長頭腦持續運作的行為，這形同繼續與頭腦合作。

關於頭腦的第一件事就是，它是持續的喋喋不休。無論你是否在說話，它在內在都持續不斷地說話。無論你醒著或睡著，內在的叨絮都會像潛在的暗流般持續進行。你或許在做某件工作，但內在的叨絮依然繼續。你正在開車，或是在花園挖土，但內在的叨絮卻持續不停。頭腦一直在說話。

如果內在的喋喋不休能有一刻的止息，你將能夠瞥見「無念」（no-mind）的狀態，那就是靜心之道。無念的狀態就是正確的狀態，那也就是你真正的狀態。但是要如何讓頭腦暫停內在的喋喋不休，獲得一些空隙呢？如果你努力嘗試，又再次錯失了要點，嘗試並不需要。事實上，空隙持續在發生——只需要一些警覺。兩個思想之間有一個空隙；兩個字之間也有間隙，否則那些字就會全部撞在一塊兒；否則念頭也會重疊在一起，但是它們並不是重疊的。

無論你說什麼……你說：「一朵玫瑰是一朵玫瑰是一朵玫瑰。」（A rose is a rose is a rose）在兩個字之間有個空隙，無論多麼小、多麼隱微、多麼難以感知到，間隙仍是存在的，否則a就會和rose連在一起。只要多一點警覺性、多一點觀照，你就可以看見那個空隙：一—朵—玫—瑰—是—一—朵—玫—瑰—是—一—朵—玫—瑰（a-rose-is-a-rose-is-a-rose）。空隙持續出現，在每個字之後，空隙會再度出現。

整體形狀（gestalt）必須改變。一般而言，你看見一些字時並不會看那些空隙。你看見a，看見rose，但並未看見這兩個字之間的空隙。你必須改變你的注意力。你看過嗎？有些圖可以讓你以兩種方式來看：其中一種看起來會像一位老婦人，但是如果你繼續看下去，那幅圖就會突然變成一個年輕美麗的女子。這兩張臉——老婦人與年輕女子，其實是用同樣的線條勾勒出來的。如果你繼續看著那張年輕女子的臉，它又會再度改變，因為頭腦無法持續停留在一個事物上，它是一個流。如果你持續看著那張老婦人的臉，它會再度變回年輕女子。

你會發現一件事：當你看見年老的臉孔時，你看不見那張年輕的臉孔，儘管你知道它其實隱藏在某個地方——你知道的、你見過它。而當你看見年輕的臉孔時，年老的臉是看不見的，它消失不見了，儘管你知道它在那裡。你無法同時看見兩者。它們是互相衝突、矛盾的，無法同時被看見。當你看見圖形時，背景就消失了；而當你見到背景時，圖形就消失了。頭腦的認識能力非常有限——它無法認識矛盾的東西。那就是它為什麼無法認識神性的原因——神性就是矛盾的。就是因為如此，它無法認識你的存在本質中最內在的核心——它是矛盾的。它能理解一切的衝突矛盾，它是似非而是的。

頭腦一次只能看見一樣東西，不可能同時看見相反之物。你一看見那相反之物，第一個看見的隨即消失。頭腦不斷地看著那些語文，因此它無法看見每個文字之後伴隨而來的寂靜。只要改變焦點，靜靜地坐著，開始觀看那些空隙。不是努力去做這件事，不需要費勁。放鬆，從容不迫地——抱著遊戲的心情，把它當做一件好玩的事。不需要以宗教態度來看待它，否則你會變得很嚴肅，一旦變得嚴肅，就很難從語文移動至無語文。如果你放輕鬆、保持流動性、不嚴肅、只為了好玩——好像只是遊戲一般，事情會變得非常容易。

成千上萬的人錯失了靜心的要點，因為靜心承擔了錯誤的指涉。它看起來很嚴肅、死氣沉沉，散發出類似教堂的氣息，就像屬於已經死亡或者奄奄一息的人，那些了無生氣、嚴肅、板著一張臉的人，還有那些已喪失歡樂、趣味、玩樂、歡慶能力的人，而這些其實才是靜心的特質。一個真正靜心的人是抱持著遊戲態度的：生命對他而言是好玩的，生命是個里拉[①]，一個遊戲。他全然地享受它，他不嚴肅，他很放鬆。

安靜地坐著，放鬆、輕輕鬆鬆地，只需允許你的注意力流向那些空隙。從語文的邊緣溜向那些空隙。讓那些空隙變得越來越凸顯，並讓語文逐漸消褪。這情形好比你在看著一塊黑板，我在上面畫了一個白點：你或者看見白點、讓黑板消褪至遠處，或者看見黑板、讓白點成為次要且模糊的現象。你可以不斷轉移注意力，來回游移於圖形與背景之間。

語言文字就是圖形；寧靜就是背景。語言文字來了又走，寧靜留駐。當你誕生的時候，你是以你寧靜的樣子誕生的——只有空隙接著空隙、間隔接著間隔。你帶著無限的空前來，你在生命中攜帶著無盡的空前來——然後你卻開始搜集語言文字。

那就是為什麼如果你回溯自己的記憶，試圖憶起往事，你無法追溯至四歲之前。因為在四

①譯注 Leela，梵文，意思是消遣、玩樂、遊戲，印度教裡的一個概念。

歲之前，你幾乎是空的。四歲之後，語文才開始在你的記憶中堆積。記憶只能在語文作用的地方發揮作用，空在你身上水過無痕。那就是為何當你回溯過往，努力回憶的時候，最多只能回溯到四歲的原因。或者，如果你特別聰慧，那麼你的回憶可以回溯至三歲，但是總會來到某個突然沒有任何回憶的點。在那一點之前，你是一個空——澄淨、純潔、尚未被語言文字腐化。你是純淨的天空。當你死去的那一天，語言文字將再度脫落、散失，你將再度帶著空進入另一個世界或另一個生命。

空就是你的自性（self）。

我曾聽說，商羯羅[2]經常說一個故事：一位學生不停問他的師父關於究竟自性的本質這件事，師父總是充耳不聞——直到有一天，他轉向學生說：「我一直在教導你，但你卻不照做。自性就是寧靜。」

頭腦意味著話語；自性意味著寧靜。頭腦只不過是你所累積的所有語言文字；寧靜卻是那一直和你在一起的，它不是累積的東西。那就是自性的意義。它是你本具的品質。以寧靜為背景，你不斷累積語言文字，而所有語言文字的加總就稱為「頭腦」。寧靜是靜心。這是個改變整體形狀的問題，將注意力從言語轉移至寧靜——它永遠都在。

每一個字都像一座斷崖：你可以從上面跳入寧靜的峽谷。你可以從每一個字溜進寧靜中……那就是咒語的功能。咒語意味著你不斷重複一個字，一而再、再而三。當你一再地重複一個字，就會開始感到無聊，因為新鮮感已經消失了。你受夠了那個字，想要拋開它。無聊在此幫上了忙，它幫助你拋開那個字——現在你能更輕易地溜進寧靜當中了。

寧靜總是垂手可及。如果你不斷重複羅摩、羅摩、羅摩[3]……你能持續多久？遲早你會感到厭倦、無聊。利用咒語創造出這種讓你想要拋棄它的無聊感，是件很美的事，因為如此一來你不得不溜進寧靜裡。將語言文字丟在後頭，進入空隙中，利用語言文字作為跳板，跳進深淵裡。

如果那些語言文字改變了——當然，它們通常會改變——你就永遠不會厭倦。新的語言文字總是吸引力十足；新概念總是吸引力十足；一齣新的戲、一個新的欲望總是充滿了吸引力。但是如果你能看見頭腦就只是一而再、再而三地重複同樣的東西，你不是睡著就是跳入寧靜裡——就是這兩種可能性。我知道大部分持咒的人都是睡著居多，那種情況也是我們數百年來已知的一種可能性。母親熟諳此道，當孩子睡不著時，她們就會念咒語——她們稱它為搖籃曲。她們會以單調的音調重複兩、三個字，然後孩子就會開始覺得昏昏欲睡。只要不斷重

②譯注 Shankara，西元八世紀時印度吠檀多哲學的宗教改革家與思想大師，提出「不二論」與「梵我合一說」。

③譯注 Ram，印度教咒語。

複下去，孩子就會感到無聊，而且他無路可逃，哪兒也去不了，唯一的逃離管道就是睡著。他會說：「繼續重複下去吧，我要睡覺了！」然後他便睡著了。

許多持咒的人睡著了——因此才有許多飽受失眠之苦的人練習超覺靜坐④；因此它才對美國人如此具有吸引力。失眠已經成為一種常態。世界上越多失眠的人，瑪赫西對人們的吸引力就越大。咒語是完美的鎮靜劑，但那並非它真正的功能。它本身沒什麼錯——如果它讓你睡了個好覺，很好，但那不是它真正的功能，那種情況就好比你把飛機拿來當牛車使用。你可以使用它，可以將飛機綁在牛隻後面，當成一部牛車——這沒有錯，而且也會發揮一些功能，只是那並非它真正的功能。你本來可以利用它飛入雲霄。

使用咒語時必須保持全然的覺知，它的作用是製造無聊感，而且你必須記住，不要睡著，否則你就錯失重點了。別睡著了，繼續誦念咒語，但是不要讓自己沉沉睡去。因此，你在誦念咒語時最好站著，或在行走時誦念，如此才不會睡著。

葛吉夫（Gurdjieff）最傑出的門徒之一鄔斯賓斯基（P. D. Ouspensky）正瀕臨死亡。醫生請他休息，但是他不肯——他反而整晚不停走來走去。他們以為他瘋了。他正垂死，他的能量正在消失——但他在幹嘛？這是需要休息的時刻，如果他不停走動會死得更快，但他卻不肯停下來。

有人問他：「你在做什麼？」

他說：「我想要帶著敏銳的警覺死去，清醒著。我不想昏睡著死去——否則我會錯過死亡的美好。」然後他就在行走當中過世了。那就是誦念咒語的正確方式，一邊走路。

如果你拜訪菩提迦耶，也就是佛陀悟道的地方，在菩提樹附近，你會發現一條小徑。佛陀一直在那條小徑上行走。他會在樹下靜心一個小時，然後走路一個小時。

當他的弟子問他：「為什麼？」他會說：「因為如果我在樹下坐太久，就會開始產生睡意。」睡意開始產生時，一個人必須開始走路，否則你會沉沉睡去，那麼整個咒語的意義便喪失了。咒語的目的是製造無聊感，咒語是為了製造一種「受夠了」的感覺，好讓你可以跳進那個深淵。如果你進入睡眠，就錯失那深淵了。

所有的佛教靜心法都是交替的。你以坐著的方式進行——但是當你覺得睡意來襲的時候，你立刻起身，開始以走路方式進行。等到你覺得睡意消失了，再換成坐姿，再次以靜坐方式靜心。如果你不斷這麼做，會有一個時刻來臨，突然之間你溜出了語言文字之外，就像蛇從

④譯注 Transcendental Meditation，簡稱ＴＭ，利用咒語的一種特定靜坐技巧，一九五〇年代由印度瑜伽行者瑪赫西（Maharishi Mahesh Yogi）開始在世界各地廣泛傳授。

牠老舊的皮膚溜出來一樣。而且這會自然而然地發生，不需要費力去做它。

因此，關於頭腦，首先要記住的是：它是持續的喋喋不休，是這種叨絮維繫著它的生命，這種叨絮是它的食物，頭腦若不喋喋不休就無法繼續存活。因此，拋下頭腦的掌控——換言之，也就是拋下內在的喋喋不休。

你可以強迫自己這麼做——不過，你會再次錯失要點。你可以強迫自己的內在閉嘴，如同你在外在強迫自己閉嘴一樣——你可以保持一種強迫性的寧靜。剛開始這很困難——但你可以繼續堅持，然後強迫頭腦閉嘴，這是可能的。如果你登上喜馬拉雅山，你會發現有許多人已經成功辦到了，但是你在他們的臉上發現的卻是一種遲鈍感，而非聰慧。頭腦尚未被超越，它只是被鈍化了。他們並未進入一種活的寧靜，只是強迫頭腦、控制了它。那就像一個孩子被迫乖乖坐在角落、不准動。看看他，他感到躁動不安，但他仍繼續害怕地控制自己。他必須壓抑自己的能量，否則就會受到懲罰。

如果這種情況長時間持續發生——在學校裡，孩童必須坐著長達五至六個小時——漸漸地，他們會變遲鈍，他們不再聰慧。每一個孩子誕生時都是聰慧的，但是有百分之九十九的人過世時是處於愚鈍的狀態。整個教育制度鈍化了頭腦——你也會對自己這麼做的。

你會發現一些所謂宗教人士幾近愚鈍，不過你可能會因為自己對他們已有既定想法而看不出來。但是如果你真的睜開眼睛，好好看看你那些**桑雅士**[5]，你會發現他們是愚笨的、白癡一樣的；你無法找到一點聰明智慧或創造力的跡象。印度就是因為這些人而飽受磨難，他們創造出如此缺乏創造力的狀態，導致印度只能活在最低限度的貧乏狀態裡。癱瘓不是靜心。

一次，牧師在教堂裡的復興布道會上大喊：「所有心中有煩惱的丈夫，請起立吧！」除了一個人，教堂裡的每一個人都站起來了。

「哎呀！」牧師大叫。「你真是萬中選一啊！」

「不是這樣的，我不能站起來，」那人說。「我癱瘓了。」

靜心不是癱瘓，癱瘓是不健康的。你可以讓頭腦癱瘓——有幾百萬種伎倆能讓頭腦癱瘓。有些人會躺在釘床上，如果你一直躺在釘床上，你的身體會變得很遲鈍。這不是什麼奇蹟，你只是讓身體變得不敏銳罷了。當身體喪失了它的生氣，就沒有問題了——那對你來說根本不是釘床。漸漸地，你可能還會開始覺得舒服。事實上，如果有人拿了一張舒適的好床給你，你反而睡不著。這就是癱瘓身體。

⑤**譯注** sannyasin，傳統中又譯「三尼耶新」，梵文，指印度棄俗的修士、托缽僧、苦行者等。如同「靜心」一字，在奧修的開示中，他也將爲這個字賦予一個新的涵義。

有類似的方法能夠癱瘓頭腦。你可以斷食，然後你的頭腦會繼續說身體餓了，但你卻不供應它食物，你不聽頭腦的話。漸漸地，頭腦變遲鈍了。身體繼續感到飢餓，但頭腦不會再對你報告這件事，因為，有什麼意義呢？沒有人在聽、沒有人會回應。那麼，頭腦就會出現某種癱瘓。許多進行長期斷食的人會以為他們達到了靜心狀態。那不是靜心，那只是能量低落、癱瘓、不敏銳。他們像行尸走肉一樣行動，他們不是生氣勃勃的。記住，靜心會為你帶來越來越多的智慧，無限的智慧，光芒四射的智慧。靜心會讓你更加生氣勃勃、更加敏銳，你的生命將會更豐富。

看看那些苦行者：他們的生命已變得不成生命似的。這些人不是靜心者，他們可能是受虐狂，折磨自己然後享受這種折磨……頭腦非常狡猾，它會繼續做一些事，然後將它們合理化。通常，你是對他人行使暴力，但是頭腦非常狡猾——它可以學習非暴力，可以宣揚非暴力。然後，它可以轉而對自己行使暴力。而你對自己行使的暴力將為人所尊敬，因為人們既定的概念是：苦行的人就是宗教虔誠的人。這純粹是荒謬。

神不是個苦行者，否則世界上就不會有花朵、不會有綠樹，只會有沙漠。神不是個苦行者，否則生命裡不會有歌曲、生命裡不會有舞蹈——只會有一座又一座的墓園。神不是個苦行者，神享受生命，神比你想像得更會享樂。如果你想到神，請以伊比鳩魯[6]的角度來思考。神是持續尋求更多的快樂、喜悅與狂喜，記住這一點。

但是，頭腦非常狡猾，它將癱瘓合理化為靜心；將遲鈍合理化為超越；將了無生氣合理化為棄俗。要小心！永遠記住，如果你走在正確的方向，你會持續綻放、開花。你會散發出許許多多的芬芳，而且充滿了創造力。而且，你對生命、愛，以及整體存在所提供的每一樣事物都將擁有敏銳的感受力。

請以清澈的眼光洞察你的頭腦——看看它的動機到底是什麼。每當你做一件事，立刻找出你的動機，因為如果你錯失了真正動機，頭腦將一直愚弄你，繼續告訴你說其他某個原因才是動機。舉例來說，你回家時怒氣沖沖，開始揍你的小孩，頭腦會說：「這是為他好，讓他乖一點。」這就是合理化。探究得更深入一點……你很生氣，其實是想要一個發脾氣的對象。你不能在辦公室對老闆發飆，他太位高權重，加上風險太高，因為這可能危及你的經濟狀況。不行，你需要一個無助的傢伙。現在，這個孩子完全無助，他依賴你；他不能還手；他什麼也不能做；他不能以牙還牙，簡直找不到比他更完美的受害者了。看！你是在氣這個孩子嗎？如果是，那麼就是頭腦在愚弄你。

頭腦一天二十四小時不斷在愚弄你，而你卻一直與它合作無間。若是如此，最後你會很悲慘，墜入地獄裡。每一刻都要找出真正的動機，如果你能找出真正的動機，頭腦就會逐漸喪

⑥譯注 希臘享樂主義代表人物。

失欺騙你的能力。你越是遠離欺騙，就越有能力超越頭腦，越有能力成為自己的主人。

有一個科學家對他的朋友說：「我不懂，為什麼你堅持要讓你老婆在我們出差開會時穿上貞操帶？畢竟，在我們這些老朋友之間，以艾瑪這種臉蛋和身材，誰會有興趣？」

「我知道，我知道，」對方回答。「但是當我回家的時候，我可以說我鑰匙不見了！」

看清楚！要留意你無意識的動機。頭腦不斷在霸凌你、指揮你，因為你無能看出它的真正動機。一個人一旦有能力看見它真正的動機，就離靜心不遠了……因為頭腦將不再能牢牢掌控你。

頭腦是一種機制，它沒有什麼智慧。頭腦是部生物電腦，怎能有任何智慧？它只有技能，但它沒有智慧；它具有實用性功能，但它沒有覺知。它是個機器人，運作良好，但是別太聽它的話，否則你將會喪失你內在的智慧，否則，情況就好像你在要求一部機器領導你、指引你。你是在要求一部沒有任何原創能力的機器，它不可能有！頭腦裡沒有任何一個想法是原創的，它永遠是重複的。仔細看，每當頭腦說些什麼，要覺察到它是要再度讓你進入制式化當中。嘗試做些新事物，頭腦對你的掌控就會減少。

在某方面具有創造力的人總是很容易就能蛻變為一個靜心者；而那些生活沒有任何創造力

的人是最困難的。如果你過一個重複不變的生活，頭腦對你的控制太多——你會無法離開它，你會害怕。每天都做些新鮮事，不要遵循舊有的例行模式。事實上，如果頭腦說些什麼，你要告訴它：「我們一直都在這麼做，現在讓我們來做些別的事吧！」

即使是小小的改變也好……在你慣常對待老婆的方式上做些小改變。在你慣常的說話方式、走路方式上做些小改變，只要小小的改變就好。你會發現，頭腦會放鬆對你的掌控，你變得更自由一點點了。

富有創造力的人較容易進入靜心，而且能更深入。詩人、畫家、音樂家、舞蹈家等比生意人更容易進入靜心——生意人過的是一成不變的生活，完全沒有創造力。

聽說有位父親正在為兒子提供建言。父親在年輕時是人盡皆知的花花公子，他正在和兒子討論即將到來的婚姻生活。

「我的孩子，」他說，「我只有兩個忠告要給你。務必保留一個星期有一晚和男性朋友廝混的權利。」

他停頓了一會兒，兒子問他第二個忠告是什麼，他說：「別把那一晚浪費在男人身上！」

他在把自己的例行模式、自己的行事風格轉移到兒子身上。舊有的頭腦總是不斷為當下的意識提出建言——就像父親給兒子的建言。

每一個片刻，你都是新的、再生的，意識永遠不老。意識永遠是那兒子，而頭腦永遠是那父親。頭腦永遠不新，而意識永遠不會老——但頭腦竟一直在為兒子提供建議。父親會在兒子身上創造出同樣的模式，讓兒子重蹈覆轍。

你已經用同樣的方式生活到現在——你難道不想以不同的方式過活嗎？你已經以某種方式思考到現在——你難道不想讓自己的存在本質有一些新的瞥見嗎？那麼，要警覺，不要聽從頭腦的話。

頭腦只是你的過去不斷試圖控制你的現在與將來，那是讓已死的過去持續控制活著的現在，你必須對它保持警覺。

但是，該怎麼辨呢？頭腦又是如何不斷這麼做的？頭腦是利用以下方法：它說：「如果你不聽我的，就不能像我一樣有效率。如果你做一件舊有的事，你會比較有效率，因為從前已經做過了。如果你去做新的事，便無法如此有效率。」頭腦像經濟學家一樣不斷對你喊話，它是一位高效率專家，它一直說：「做這個比較容易，為何要挑困難的方式？這是阻力最少的方式。」

記住，每當你有兩件事、兩種選擇的時候，選擇新的、選擇較難的、選擇需要更多覺知的那一個。以犧牲效率為代價，永遠選擇覺知，如此你將創造出讓靜心得以發生的情境，這些都只是不同情境而已。靜心將會發生。我不是在說只要這麼做，你就會來到靜心狀態——但是這麼做是有助益的。它們將在你身上創造出一種讓靜心發生所不可或缺的情況。

效率少一點，創造力多一點，讓這成為你的目的。別為功利的目的太過煩惱，反而要持續記住，你的生命在此不是要變成一件商品，你在此不是為了成為一件工具，那是有損你尊嚴的。你在此的目的不是為了變得越來越有效率——你在此是為了要越來越生氣煥發；你在此是為了要越來越有智慧；你在此是為了要越來越快樂，狂喜般快樂。然而，這些都與頭腦的模式天差地別。

有一個女人收到學校寄來的一份通知。

「你的小男孩非常聰明，」老師的通知上這麼注記，「但是他花太多時間和女孩們玩在一起了。不過，我正在進行一個計畫來打破他這個習慣。」

這位母親在通知上簽了名後將它寄回，裡面附了一張紙條：「計畫若管用請通知我，我想用在他父親身上。」

人們不斷在尋找一些控制他人的線索、讓你獲利更多的線索——有利潤的線索。如果你追求的是如何控制他人的線索，你將永遠被頭腦牢牢掌控。忘了想要控制任何人的念頭吧，一旦你放棄控制他人的念頭——控制老公或老婆、兒子或父親、朋友或敵人等——一旦你放棄控制他人的念頭，頭腦就無法掌控你，因為它已經無用武之地了。

控制這個世界會產生效用；控制這個社會也會產生效用……一個政客因此無法靜心。不可能！甚至比生意人更不可能。政客處於遙遠的另一端，他無法靜心。有時候，會有政客來找我，他們對靜心感興趣，但其實不完全是對靜心感興趣——他們只是太緊繃了，想要好好放鬆一下。他們來找我，問我能否幫助他們，因為他們太緊繃了，他們的工作就是如此，持續的衝突、愚弄彼此、無謂的競爭，永無止境。他們想找一個讓自己稍獲喘息的東西，我告訴他們那是不可能的，他們無法靜心。野心勃勃的頭腦無法靜心，因為靜心最根本的基礎就是成為不具野心的。野心意味著控制他人的努力。那就是所謂的政治：控制全世界的努力。如果你想控制他人，你必須聽從頭腦的話，因為頭腦非常享受暴力。

此外，你也無法嘗試新事物——這風險太高了，你必須一再踏上那條老路。如果你傾聽歷史帶來的教訓，它們真是不可思議。

一九一七年，俄國經歷了一場大革命，那是史上最大的革命之一。但是不知怎麼地，革命失敗了。共產黨掌權之後，他們變得幾乎和沙皇沒兩樣——甚至更糟糕，史達林殺害了數百萬的人。到底發生了什麼事？一旦他們獲得權力，嘗試新方式就太冒險了，也許會行不通，以前從未試過，誰曉得會怎樣呢？試試以前總是很管用的老方法吧。他們必須向沙皇學習。

每一個革命都失敗了，因為一旦政治團體掌權，它必須使用相同的方法。頭腦從不是為新的而存在，它永遠為舊的而存在。如果你想控制他人，你就無法靜心……關於這一點，你絕對可以確定。

頭腦是活在某種昏睡狀態裡；它活在某種無意識的狀態下。你只有在非常罕見的狀況下才會變得有意識。如果你的生命遭遇極大危險，你會突然變得有意識，否則你不會有意識。頭腦持續在昏睡狀態移動，只要站在路邊，觀察經過的人，你就會在他們臉上看見夢的影子。有人在對自己說話，或比手勢——如果你仔細看看他，會發現他根本是在別的地方，不在這條路上，這情況就像人們在沉睡狀態下活動。

夢遊症是頭腦的常態。如果你想成為靜心者，就必須丟棄這種昏睡狀態的慣常做事方式。走路，但要保持警覺；挖土，但要保持警覺；吃東西，但是吃的時候不要做別的事——只要吃就好。每一口食物都應該在深度警醒的狀態下吃進嘴裡、咀嚼時也是如此。別讓自己在全世界到處亂逛，完全存在此時、此地。每當你逮到自己的頭腦跑去別的地方……它總是會跑到別處，它從不想待在此時此地，因為如果頭腦待在此處，它就不再被需要了。在當下這一刻，不需要頭腦——意識就已經足夠了。頭腦只有在彼處，在未來的某處，在過去時才需要，但現在從來不需要。每當你警覺到頭腦跑到別處——你人在巴黎，頭腦卻跑到費城——立刻警醒過來。使勁拉自己一把，快回家來，回到你所在的地方。吃的時候，就吃；走路的時候，就走路。別讓頭腦跑去環遊世界。

並不是如此就會成為靜心，但是它會創造出一種情境。

派對正熱鬧，一名男子決定打電話給他朋友，邀請他們前來同樂。他撥錯了電話，於是連忙對那頭仍帶著睡意的聲音說抱歉。但是下次再撥時，他又聽見同樣的聲音。

「真是非常抱歉，」他說，「我非常小心地撥號，不曉得為什麼會打錯電話。」

「我也不懂，」那昏昏欲睡的聲音說，「特別是我根本沒有電話。」

人們幾乎是在沉睡的狀態下過日子，而且他們還學會如何在不打擾自己睡眠的狀態下做事。如果你生起了一點點的警覺，你會經常當場逮到自己正在做一些你永遠不會想做的事、做一些你將來會後悔的事、做一些你已經決定永遠不再做的事。然而有許多次，你會說：「我就是做了，但我不知道事情是怎麼發生的。它就是發生了，我不由自主。」

一件事怎能在你不由自主的情況下發生？唯有在你睡覺的時候才有可能。然後你會一直說你真的不想這麼做，但內在深處的某個地方，你一定是想這麼做。或許你會否認……只要看看你的頭腦：表面上它說的是一件事，但是在深層，它同時又在計畫著另一件事。多一點警覺，不要在昏睡狀態下行動。

嘮叨個不停的老太太已遵照醫生吩咐在床上躺了一個星期。沒有一件事令她滿意，她抱怨天氣、抱怨藥，尤其愛抱怨她老公的烹飪技術。

一天，老先生拿走她的早餐餐盤、清理了廚房之後，在書房坐下。她聽見寫字的聲音。

「你在做什麼？」她呼喚道。

「寫信。」

「寫給誰？」

「安表姐。」

「你要告訴她什麼事？」

「我告訴她妳生病了，但醫生說妳很快就會好起來，沒有生命危險。」

他停頓了一下，然後問她：

「墳墓的墳怎麼寫？是土還是口字邊？」

表面是一回事，內在深處卻完全相反。他所希望的是事與「願」違，他希望的是與醫生所說相反。表面上，他一直說她很快就會好起來——內心深處卻希望她死去，而他不會承認這個事實，甚至對自己也不會承認。那就是你不斷逃避自己的方式。停止這些伎倆，真誠地面對你的頭腦，那麼頭腦對你的掌控就會消失。

3

靜心與成就失效

為什麼西方對靜心越來越感興趣？

同時，許多東方國家卻似乎對自家的靈性寶藏失去了興趣？

一位律師好不容易來到了一處正在往下開鑿的工地，有一夥人正在那兒幹活，他朝下方的工地大喊一人的名字：提摩西．歐圖爾。

「誰找我？」一個低沉的聲音問。

「歐圖爾先生，」律師問道，「你是瑪約郡的凱索巴人嗎？」

「我是。」

「你母親的名字是布莉姬、父親名字是麥可？」

「是的。」

「那麼，我有職責告訴你，」律師說，「歐圖爾先生，你的阿姨瑪麗在愛荷華州過世了，留給你六萬美元的遺產。」

底下先是安靜了一會兒，隨後傳來一陣騷動。

「你要過來嗎，歐圖爾先生？」律師如此喊道。

「等一下，」他大吼著回答。「我才剛打了工頭一頓。」

歐圖爾花了六個月的時間過著放縱的狂歡生活，才將那六萬元花光。他的行為主要是為了滿足一種遺傳而來的巨大渴望。然後他回到了工作崗位，可是不久之後，那位律師又來找他。

「這次是你的叔父派崔克，歐圖爾先生。」律師解釋道。「他在德州過世了，留下四萬美元的遺產給你。」

歐圖爾沉重地靠在他的挖鑿工具上，神情極為疲憊地搖搖頭。

「我想我消受不了了，」他宣稱。「我不像以前那麼健壯了，我懷疑自己花掉那些錢之後小命還在不在。」

那就是發生在西方的情況。西方人成功擁有了人類有史以來一直渴望獲得的富裕生活。西方變得十分富裕，獲得了物質上的成功，而現在，它已經太厭倦、太疲憊了。這段旅程讓它的靈魂形同枯槁，這段旅程終結了西方人。在外在，一切可得，但與內在的聯繫卻消失了。現在，人所需要的一切事物皆垂手可及，但人本身卻不在了。所有物就在那裡，但主人卻不見了，這是極為不平衡的現象。富裕已經達成，但人卻一點也不覺得富裕；相反地，人覺得非常貧乏、非常窮困。

想想這件似非而是的事：唯有當你外在富裕時，你才會覺知到內在的貧窮。當你外在貧窮時，你從未覺知到你內在的貧窮，因為沒有對比存在。你用白色粉筆寫在黑板上，而不是白板上，為什麼？因為唯有在黑板上，它的字跡才能顯現，對比是需要的。

當你外在是富裕的，那麼突然之間，有個了不起的覺知出現，它說：「在內在，我是貧窮的、一個乞丐。」現在，無望感也形同影子般隨之出現：「我們曾想過的一切事物都已達成了——所有的想像與幻想都滿足了——但是卻什麼也沒有因此而發生，沒有滿足、沒有祝福。」

西方很困惑，在這困惑之中，生起了一個很大的渴望：「如何再度尋回自己。」靜心只不過是在你的內在世界、在你的內在領域再度找回你的根，因此西方變得對靜心非常感興趣，對東方的寶藏非常感興趣。

當東方富裕的時候，他們也同樣對靜心感興趣，這一點必須要了解。這就是我為什麼不反對富裕，而且不認為貧窮具有任何靈性品質的原因。我完全反對貧窮，因為當一個國家變得貧窮，它隨即與所有的靜心、所有的靈性修持失去了聯繫。每當一個國家在外在變得貧窮，它便無法覺知到內在的貧窮。

這就是為何在印度人的臉孔中，你可以看見某種西方所沒有的滿足。那不是真正的滿足，那只是對內在貧窮的不知不覺。印度人以為：「看看那些西方人臉上的焦慮、痛苦，還有緊張。我們雖然窮，但我們內在非常滿足。」這完全是胡說八道，他們並不滿足。我一直在觀察著成千上萬的人——他們並不滿足，但有件事倒是確定的：他們沒有覺知到這種不滿足，因為要覺知到這種不滿足，外在的富裕是需要的。沒有外在的富裕，沒有人能覺知到內在的不滿足，而且有太多證據可以證明這一點。

印度教所有的**神性化身**（avatara）不是國王就是國王的兒子——全是國王或王子；耆那教所有的**替沙克**（teerthankara），也就是所有的先知，全是國王；佛陀也是。印度的這三大傳統，已經提供了充分的證據。

為什麼佛陀會變得不滿足，為什麼他開始追尋靜心？因為他非常富裕。他的生活完全富足，他擁有人所可能擁有的一切富裕、一切舒適、一切的物質裝備。突然之間，他覺知到了什麼。他有所覺知的時候年紀尚未太老，當他覺知到自己內心的那個黑洞時才二十九歲。光明在外在，它因而將內在的黑暗顯示予你。白襯衫上只要有一點點髒污，就會變得很明顯，那就是當時發生的情況。

他從皇宮逃離，那也是發生在馬哈維亞[1]身上的情況，他也逃離了皇宮。這不會發生在一名乞丐身上，佛陀時代也有許多乞丐，事實上，據說當佛陀決定棄俗時，是他第一次看見乞丐、老人、屍體，還有**桑雅士**、也就是尋道者的時候。所以，當時也有乞丐……

①譯注 Mahavira，印度耆那教的第二十四位也是最後一位祖師，也是建立其中心教義者，與釋迦牟尼生活在同一時代。馬哈維亞是「尊者大雄」之意，又譯摩訶毘盧。他又稱筏馱摩那（Vardhamana）、尼乾陀若提子（Nigathanataputta）。

佛陀正要前往參加一場年輕人的慶典，他要主持開幕儀式。從他的金色馬車中，他看見了一名乞丐——這是他生平頭一遭——因為他父親費盡心機安排他的生活，絕不讓他看見任何乞丐，或任何病者、老者，或死者。占星家在佛陀出生時曾告訴他父親，如果他遇見這些人，就會立刻棄俗，因此絕對不能讓他見到這些人。因此，佛陀每到一個地方，那裡的乞丐就會被清空，老人也會被清空或被迫留在屋子裡不准出來。甚至連佛陀的花園都不准有一片枯葉，每一片枯葉都必須在夜晚清掃乾淨，因此隔天早晨佛陀前往花園時，只會看到鮮嫩的葉子與盛開的花朵。他從未見過花朵枯萎的樣子。

當他第一次見到乞丐……這裡有一個很美的寓言，說諸天神非常擔心：「他父親掩飾得太成功了，二十九年過去了，佛陀原本有能力成為世上最醒悟的人。」諸神非常憂慮：「父親的巧妙安排，可能讓他永遠無法遇見乞丐或老人，他可能會錯過。」因此，他們決定假扮——一位天神假扮成乞丐走過去；一位假扮成老人；另一位扮成死人；另一位則是桑雅士。

當時也有乞丐，但他們沒有棄俗，他們沒有任何東西可以拋棄，他們是滿足的，而佛陀變得不滿足。

當印度很富裕的時候，有許多人對靜心感興趣，事實上，所有人都對靜心感興趣。遲早，人們會開始思考關於遠方的月亮、關於那超越的彼岸、關於內在世界的一切。如今，這個國家很貧窮，貧窮到失去了內在與外在的對比。內在貧窮，外在也貧窮，內在與外在處於完全的和諧——兩者一樣窮！那就是為何你在印度人臉上會看見一種並非真正滿足的滿足。正因為如此，人們遂習慣性地認為貧窮具有某種靈性品質。

貧窮在印度受到崇拜，那也就是人們譴責我的原因，因為我不贊成任何形式的貧窮。貧窮不是靈性；貧窮是靈性消失的原因。

我想要全世界盡可能地享有富裕，越多人過著富裕的生活，他們就越可能成為靈性的。他們必定會如此，這是無可避免的，只有在那時候，真正的滿足才會生起。

當你創造出內在的富裕後，另一種和諧再度出現——外在的富裕與內在的富裕會合——那麼就有真正的滿足。當內在的貧窮與外在的貧窮會合，有的只會是錯誤的滿足。和諧能以這兩種可能的方式出現，當內外和諧時，一個人會覺得滿足。印度看似滿足，因為圍牆的兩邊都是貧窮的，那也是完美的和諧，因為內外同調，但那是一種醜陋的滿足，其實是缺乏生命、缺乏活力的。它是一種愚蠢的滿足，呆滯而乏味。

西方一定會對靜心感興趣，這是無可避免的，而這也是為什麼基督教已抓不住西方人的心的原因，因為基督教並未發展出任何靜心的科學，它依然是一個非常平庸的宗教，猶太教亦然。

西方很貧窮：這就是原因，至今西方仍活在貧窮裡。當東方富裕的時候，西方是貧窮的。猶太教、基督教、伊斯蘭教，這三個不是發源於印度的宗教，都是從貧窮裡誕生的。它們無法發展出靜心技巧，因為不需要。它們至今依然如此，一直是貧者的宗教。

如今，西方已變得富裕了，不一致出現了。西方宗教誕生於貧窮，它們沒有東西可以給予富人。對一個富人而言，它們看起來很幼稚，它們無法帶來滿足。它們無法滿足他。東方宗教在富裕裡誕生，因此西方頭腦對東方宗教越來越感興趣。是的，佛陀的宗教發揮了巨大的影響力；禪宗像野火蔓延一般風靡西方，為什麼？因為它是從富裕中誕生的。

當代的西方心理學和佛教心理學有極大的相似之處。整個西方和當時佛陀開始對靜心感興趣時，是處於相同的狀態，那是富人的追尋。印度教也是同樣狀況，耆那教也是。這三個偉大的印度宗教都是由富裕而生，因此西方必定會受到這些東方宗教的吸引。

印度已逐漸和它自己的宗教失去聯繫了。它沒有能力和本錢了解佛陀——它是一個貧窮的國家。你會很驚訝，貧窮的印度人正逐漸改信基督教，富裕的美國人正逐漸改信佛教、印度教、吠陀哲學，而印度的賤民階級、窮人、最底層的窮人，正在變成基督徒。你看見這個中緣由了嗎？這些宗教對窮人有某種吸引力，但它們是沒有未來的，遲早有一天，全世界都會富裕起來。

我不讚頌貧窮，我對貧窮不報以任何尊敬。人必須被給予兩種富裕，為何不兩者兼得？科學已發展出使你外在富裕的技術；宗教已發展出使你內在富裕的技術：例如瑜伽、譚崔[2]、道家、蘇菲[3]、哈西德[4]等等——這些都是關於內在的技術。

有一個故事，裡面的主角是那種接受一切發生的事皆為神聖力量之化現的人。他說，對他來說，他絕不質問神聖天意的安排。

他一生遭遇許多不幸，但從未抱怨過一次。他結婚了，但是妻子和他雇用的人跑了。他有一個女兒，女兒也被一個壞蛋騙走了。他也有個兒子，但兒子卻被人以私刑殺害了。一場大火燒毀了他的穀倉；一場暴風吹垮了他的房舍；一陣冰雹摧毀了他的莊稼，然後銀行申請查封了他的抵押品，接收了他的農場。儘管如此，每一次他遭受不幸打擊時，他依然跪謝上帝，因為「全能的上帝給予他無限恩慈」。

過了一段時間後，他身無分文，卻依舊臣服於至高的天意，最終只得淪落至鄉鎮的救濟院。一天，工頭派他前往一片馬鈴薯田犁地，突然一陣大雷雨來襲，天空無預警地打下一道雷。雷劈不但把犁鋤熔毀了，還幾乎把他身上的衣服都給震碎四散開來、燒掉了他

②譯注 Tantra，梵文原意爲線、編織，義譯爲「續」，古譯爲怛特羅，藏傳佛教的密教中稱其經典爲密續。大約出現於七千年前的印度，是一種善用人類經驗達至靈性了悟的修習方式，由師徒一對一傳授，對亞洲宗教有廣泛的影響，尤其是印度教與佛教。因其漫長的歷史流變，且影響廣泛、難以定義之故而容易受到一些人的錯誤詮釋和誤解。

③譯注 Sufism，伊斯蘭教的神祕主義支派。

④譯注 Hasidism，猶太教的一個神祕主義支派。

的鬍子，而且在他赤裸的背上烙下了隔壁牧場主人的姓名縮寫，然後再將他拋到一排帶著刺的金屬柵欄上。

當他恢復意識醒過來後，他緩緩跪下，手指緊扣，然後抬頭仰望天空。然後，生平第一次，他終於為自己站出來。

「主啊，」他說：「這簡直越來越荒謬可笑了！」

這就是東方的處境：「這簡直越來越荒謬可笑了！」但東方仍繼續感謝神、繼續覺得感謝。然已經沒有什麼值得感謝了！東方完全處於貧窮、生病、挨餓的處境，沒有什麼要感謝的。然而東方已經忘記如何為自己站出來，東方已經忘記如何為自己的狀況尋求改變。

因此，東方無法靜心，東方幾乎是活在一種無意識狀態中。它太飢餓了以致於無法靜心、太窮了以致於無法祈禱。它唯一感興趣的就是麵包、擋風遮雨的住所，還有身上的衣服，因此當基督教的傳教士抵達這裡創辦醫院，或開設學校，印度人就對他們留下了深刻的印象——這就是所謂的靈性。當我開始教導靜心時，他們不感興趣，不只如此，他們甚至還反對：「這算什麼靈性？」我可以理解——他們需要的是麵包、是遮風避雨的住所、是衣服。

但是，他們之所以受苦全是因為自己的頭腦在作祟。一方面，他們需要麵包、住的地方、衣服、更好的馬路等；另一方面，他們卻繼續崇拜貧窮，因此他們受到了雙重的桎梏。東方尚未能靜心。首先，它需要科學技術讓它在物質上過得更好一點。如同西方需要宗教技術一般，東方需要的是科學技術。

我完全支持四海一家的概念，在那樣的世界裡，西方能夠滿足東方的需要，而東方能夠滿足西方的需要。東方與西方已經分居太久了，已經不需要再如此。東方不再應該只是東方，而西方也不再應該只是西方。我們已來到了一個關鍵時刻，整個地球能夠變成一家人——也應該變成一家人——因為唯有變成一家人，它才能存活。

國族的時代已經結束了；分化的時代已經結束了；政治家的時代已經結束了。我們正邁向一個完全嶄新的世界，人類的一個全新階段，而那個階段就是只能有一個世界、只能有一個人類，若能夠如此，將會有巨大的能量獲得釋放。

東方握有許多寶藏，即宗教技術，而西方也握有寶藏，即科學技術。如果兩方能夠會合，這世界會變成天堂。現在，不需要嚮往另一個世界，我們已經有能力在這個地球上創造天堂，這是人類有史以來頭一遭。如果我們不去創造它，那麼除了我們自己之外，又能夠怪誰呢？

我支持的是一個世界、一個人類，最終是一個涵蓋兩者的科學——宗教與科學的結合——一種能夠兼顧內在與外在世界兩者的科學。那就是我在我的社區所推動的工作，它是一個東方與西方會合的地方；它是一個能夠孕育新人類、讓他得以誕生的子宮。

4

療癒身體與靈魂的分裂

我不將整體存在劃分為這種舊有的兩邊——物質層面與心靈（精神、靈性）層面。只有一個現實狀態：物質是它的可見形式，而心靈是它的不可見形式。就像你的身體和靈魂——身體沒有靈魂無法存在，靈魂沒有身體也無法存在。

事實上，過去對這兩者的分割，在人類心中造成了沉重的包袱，製造出一種精神分裂的人類。在我看來，精神分裂症不是偶爾才發生在某人身上的一種疾病，人類至今一直是精神分裂的。只有在非常罕見的情況下，偶爾，才會有像耶穌或佛陀、馬哈維亞，或蘇格拉底、畢達哥拉斯，或老子這樣的人，能夠脫離我們這種精神分裂的生活方式。

將現實狀態劃分為敵對的、相互抵觸的兩部分是件危險的事，因為如此也將人分裂了。人是個小宇宙，如果你分裂了宇宙，那麼人也分裂了；如果你分裂了人，那麼宇宙也分裂了。我相信的是那個不分裂的、有機整體的存在。

對我而言，心靈與物質沒有分別。你可以是心靈導向的，同時也在物質層面上活動——如此你的活動將會更喜樂、更具美感、更敏銳。你在物質層面的活動將是不緊繃的，也不會充滿了焦慮和苦惱。

有一次，有個人來見佛陀並問他：「這世界有那麼多痛苦，人類遭遇那麼多悲慘的事——你怎麼能夠如此寧靜地坐著，而且如此喜悅？」

佛陀說：「如果某人正因發燒而受苦，難道醫生要跟著躺在他身邊，陪他受苦嗎？如果醫生也被感染，然後躺在病患旁發燒，他這麼做是出於慈悲嗎？這麼做對病患有任何幫助嗎？事實上，本來只有一個人生病，現在變成兩個人生病了——這世界的病增加了一倍！醫生要幫助病患不需要生病，醫生必須要是健康的才能幫助病患。他越健康越好，他越健康，就能提供越多幫助。」

我不反對在物質層面讓這世界變得更好。無論你在推動什麼工作——奮力對抗飢餓、奮力保護生態平衡、奮力對抗貧窮、剝削、壓迫，或奮力爭取自由——無論你在物質層面的工作是什麼，如果你能更加根植於心靈、更加安住於中心、鎮定、冷靜、寧靜，這世界將能受惠良多，大大地受惠，因為你的工作品質將完全改變。那麼，你將能夠以冷靜的態度來思考，能夠更優雅地行動。你對自己內在存在本質的了解，將在你幫助他人時發揮極大的助益。

我不是傳統觀念裡的心靈主義者，也不是傳統觀念裡的物質主義者。印度的唯物或加爾瓦卡學派[1]、希臘的伊比鳩魯、以及馬克思等人，他們是物質主義者。他們說只有物質是真實的，意識只是附屬現象、一種副產品，本身根本不具真實性。相反地，也有像商羯羅、龍樹這樣的人主張同樣的事情，只是內容完全顛倒。他們說，靈魂是真實的，身體是不真實的，是**馬雅**(maya)，也就是幻相、附屬現象、副產品，它本身不具真實性。

①**譯注** Charvakas，古印度的一種唯物主義與反宗教哲學思想，亦稱順世派。

對我而言，兩者都是對錯各半的，而一半的真理比完全的謊言——至少它是完整的——更危險。一個完整的謊言具有某一種美，而一半的真理是醜陋的——醜陋又危險——它之所以醜是因為它只有一半，就像將一個人切割成兩半。將人分裂是危險的，因為人是一個有機的整體，然而這就是千百年來人們一直在做的事，現在，它幾乎成為一種制式的想法，一種制約。

我不屬於任何學派——無論是物質主義學派，或是所謂的心靈主義學派。我的方法是總體的，它是整體性的。我相信人是兩者的整合，包括了心靈與物質。事實上，我必須使用「心靈」或「物質」這兩個詞彙，是因為過去人們一直使用這兩個詞。其實，人是身心相關的，不是物質的與心靈的，因為那個「與」字已創造了二元對立。在物質的與心靈的之間，沒有「與」字，甚至連一個連接號都沒有。人是「物質心靈的」（materialspiritual）——我將它當做一個詞來使用，物質心靈。

心靈代表你存在本質的中心；物質代表你存在本質的周圍。如果沒有中心，周圍就無法存在，而如果沒有周圍，中心亦無法存在。

我的工作就是幫助你的中心變得更清晰、更純淨。那一份純淨也將反映至它的周圍。如果你的中心是美麗的，那麼你的周圍必定會變美麗；而如果你的周圍是美麗的，你的中心也必將被那美麗所影響。

兩位神祕家在交談。第一個說：「我曾有個弟子，但是儘管我盡了一切努力，還是無法啟發他。」

「你怎麼做？」另一人問。

「我叫他反覆誦念咒語、凝視象徵符號、穿戴特殊打扮、上下跳動、吸入薰香、閱讀祈禱文，還有保持警覺站一整夜。」

「他有沒有說什麼，讓你有些線索，弄清楚為什麼這些無法提升他的意識？」

「什麼都沒說。他只是倒下，然後就死了。他說的話全是些不相干的：『我什麼時候才可以**吃東西**？』」

當然，對一個心靈導向的人而言，那是不相干的，竟然談論食物——那和心靈有什麼關係？我不是那種心靈導向的人，我和加爾瓦卡派的人一樣是享樂主義者，和伊比鳩魯一樣是物質主義者，也和佛陀、馬哈維亞一樣心靈導向。我是一個全新願景的開始。

5

靜心是生活，不是生計

一個人在生活中必須做一些事情，有人是木匠，有人是國王，有人是生意人，有人是戰士。這些工作是屬於維持生計的方式，讓你獲得麵包與奶油，以及一個遮風擋雨的住所，它們無法改變你的存在本質。無論你是戰士或生意人都沒有差別：一個人必須選擇一種方式來維持生計，而另一個人也會選擇另外一種。

靜心是生活，不是生計，它和你「做」什麼無關，但完全與你「是」什麼有關。是的，生意不該進入你的存在本質（being）當中，確實是如此。如果你的存在本質也已經變成了像做生意一般，那麼靜心會很困難，而且不可能變成一個桑雅士，一個求道者……因為如果你的存在本質已經變成像生意一般，你會變得太過於算計。善於算計的人是個懦夫：他想太多了，他無法一躍而跳。

靜心是一種跳躍：從頭到心，最終從心到自身存在本質的跳躍。你將越來越深入，而且在那個領域，算計必須被遠遠拋在後頭，所有的邏輯也變得毫不相干。你無法帶著你精明的頭腦去那裡。

事實上，精明亦非真正的睿智，精明只是睿智一個差勁的替代品。不睿智的人會學習如何變精明。睿智的人不需要精明，他們是天真的，他們不需要狡猾，他們從一個「不知」的狀態來行動。

如果你是生意人，那沒關係。如果耶穌能變成一個靜心者、一個桑雅士，最後成為一個基督、一個佛……而且他是木匠的兒子，協助他父親搬木頭、刻木頭。如果木匠的兒子都能夠變成一個佛，為什麼你不能？

卡比爾[1]是個紡織工，他終生都在做同樣的工作，即使在他成道之後，他仍繼續紡織，他很喜愛這個工作！有許多次他的門徒問他，泛著淚水為他祈求：「您不需要再工作了——我們會照顧您！」有那麼多的門徒，為何年紀這麼大了還在繼續紡紗、織布？

卡比爾會說：「但你知道我為誰而紡紗，為誰而織布嗎？為了神！——因為現在每個人對我來說都是神，這就是我祈禱的方式。」

如果卡比爾可以在成佛後依舊當個紡織工？為什麼你不行？

生意不該進入你的存在本質，生意應該只是個外在的東西，只是維持生計的其中一種方式。當你關上你的店門，就將你的生意忘了吧！當你回家時，不要在腦袋裡攜帶著整間店！當你回家與妻子、孩子在一起時，別像個生意人。那是很醜陋的：那表示你的存在本質已經被你的作為染污了。作為是個膚淺的表面活動；存在本質應保持超越作為，而且你必須永遠能將作為擱置一旁，進入你一己存在本質的世界。那就是靜心的所有重點。

①譯注 Kabir，1440~1518，印度一位偉大的詩人、聖者、神祕家。

有一個媒人試圖撮合一個生意人和一個美麗女孩，但那位生意人非常精明狡猾。

「採購貨物之前，」生意人說，「我會先要求樣品，所以我結婚前必須要有樣品。」

「但是，老天啊，你不能對一個人品高尚的女孩提出這種要求！」媒人回答。

「抱歉，」對方堅持，「我做生意很嚴謹，要不就照我的方式，要不就免談。」

媒人垂頭喪氣地離開了，前去找那位女孩。「我幫妳找了一個好男人，」他說，「他很有錢，但卻是個嚴謹的生意人，從不做盲目的事。他要求要有樣品。」

「聽著，」女孩說，「我對生意和他一樣精明。樣品我不會給他——但我會提供他推薦人聯絡資料！」

如果你是那樣的生意人，靜心就會變得很困難。那種人生活在一個完全不同的世界，一個非常世俗的世界。

城裡精華區有間十分時髦的酒吧，新來的客人點了一瓶啤酒，然後用一元美鈔付錢，他很驚訝地發現，酒保竟然找他九十分錢。他詢問酒保，酒保說他總共只收他十分錢。這位客人剛好肚子餓了，而且對這間店的便宜價位感到又驚又喜，於是他又點了一個火腿起司黑麥三明治。

「總共十五分錢，」酒保說。

這位客人睜大了眼睛。「我實在不懂，你怎麼會賣這麼便宜？」他問。

「聽著，老兄，」酒保說，「我只是在這裡工作，我不是老闆。老闆現在正在樓上和我老婆在一起，所以我在樓下以牙還牙。」

有一種頭腦總是以生意人的方式運作，無論是生活的哪一方面，他都像一個生意人。如果你是那種生意人，那麼這地方便不適合你。

這地方適合賭徒，這地方是屬於那些能冒險的人——那些能夠放手一搏、冒著失去所有的風險的人。沒錯，確實是失去所有，因為靜心會將你帶到「空無」的境地。但是那些來到靜心之「空無」的人將立刻覺察到，他們也來到了神的豐滿境地。

你的空無即是神的豐滿，那是另一半的面向。**你**，變成了空無，突然之間，巨大的充滿降臨你——神在你之中滿溢。透過成為空無，你變成開闊的，你成了那位偉大客人的主人。

但是，如果你不停算計，便無法成為空無的。你怎麼能拋棄一切，只換來空無？你會一直不停算計：你會小心謹慎地行事。

那麼，這不適合你。若是如此，回到那些舊式的、傳統的偽上師那裡，他們會安慰你，他們會告訴你，你可以繼續當一個生意人，而且還可以在天堂開設銀行帳戶。要慈悲為懷、奉獻一些錢：捐錢給窮人、捐錢給寺廟，或教會，或猶太會堂，還有醫院、學校等——然後你來生就會獲得獎賞。只要做合乎道德的事就好，那是你還能承受得起的。如果你剝削他人，你永遠可以償還他們一部分，你可以捐一點錢給教會、給慈善機構，也可以分給窮人一點錢——這些都只是安慰——然後天堂將會為你保留一個位置。

別那麼傻——天堂可沒那麼廉價！事實上，根本沒有一個地方叫做「天堂」，那是你內在的一個地方，沒有任何慈善事業能帶領你到那裡。但是，如果你到了那裡，你的整個生命就是一個慈善事業，那是一種全然不同的現象。如果你抵達了那裡，你的整個生命就變成了慈悲。

繼續當你的生意人，但是要騰出幾小時的時間把生意忘得一乾二淨。在此，我不是在告訴你要逃離你平凡的日常生活，我在此是要告訴你如何將平凡蛻變為超凡的途徑與方法，也就是那鍊金術。在你的店裡可以當生意人，但是在家裡別當生意人。甚至在家裡時，也要騰出幾小時的時間把家庭、老婆、小孩等統統忘掉。只要幾小時的時間就好，只要和你自己在一起。深深地潛入自己的存在本質中，享受你自己、愛你自己。那麼慢慢慢慢地，你會發覺有一股巨大的喜悅泉湧而出，沒有任何來自外在世界的原因，它不是外在世界造成的。那就是你自己的滋味，那是你自己的綻放、開花。這就是靜心。

靜靜地坐著，什麼都別做，春來草自生。靜靜坐著，什麼都別做，等待春天來臨。它會來，它總是會來，而當它來臨，草木將自行生長。到那個時候，你會看見巨大的喜悅沒有任何理由地從你內在生起。分享它，將它給予他人！那麼，你的慈善將會是內在的。那麼，它就不會只是達成某個目標的手段；那麼，它就有其內在本質的價值了。

一旦你成為一位靜心者，桑雅士或棄世階段（sannyas）的生活就不遠了！[②] 我所謂的桑雅士生活，不過就是生活在世界當中，但卻不為世界所擁有，保持超越、停留在這個世界，但是又高於它一點點，那就是桑雅士生活。這不是那種古老方式的棄世，也就是你必須逃離你的妻子、小孩、事業，然後跑到遠遠的喜馬拉雅山上。那種方式一點都不管用，有許多人跑到喜馬拉雅山上，但卻始終攜帶著自己愚蠢的頭腦同行。喜馬拉雅山對他們並未產生任何助益，相反地，他們破壞了喜馬拉雅山的美麗，僅此而已。喜馬拉雅山怎麼能夠幫助你呢？你可以丟下世界，但是你無法把你的頭腦丟在這裡，頭腦將如影隨形，它就在你裡面。無論你在何處，你那一模一樣的頭腦也將在你周圍創造出一個一模一樣的世界。

②譯注　古天竺吠陀哲學中有所謂的人生四階段（asrama）：學生（Brahmacari）、居士（Vanaprastha）、退休（Vanaprastha）、棄世（Sannyasa）。

一位偉大的神祕家快要過世了，他召喚大門徒前來。那位門徒對於師父能夠叫喚自己而感到十分欣喜。在場有龐大的群眾，而神祕家只呼喚了他一人，他一定是要交付他什麼從未給予過任何人的祕密鑰匙。「這就是他選擇我作為繼承者的方式！」於是他挨近師父身旁。

師父說：「我只有一件事要告訴你。我沒有聽我師父的話——他快要過世之際也告訴過我這件事，但是我很笨，沒有聽進去，而且我甚至不了解那代表什麼意思。但是，我現在從我的切身經驗告訴你，他是對的，儘管他這麼告訴我的時候顯得很可笑。」

門徒問：「是什麼事呢？請告訴我，我會盡力確實遵守。」

師父說：「那是一件很簡單的事：在你的一生當中，絕對、絕對不要在家裡養貓！」就在門徒還來不及問為什麼之前，師父就與世長辭了。

現在，他完全困惑了——這是多麼愚蠢的一件事啊！現在，能去問誰呢？他前去詢問村裡的一些長者：「請問這個訊息的言外之意是什麼呢？一定有什麼神祕的意義在裡面！」

一位長者說：「是的，我知道，因為他的師父——也就是你師父的師父——也是這麼告訴他的，說『絕對、絕對不要在家裡養貓！』但是他不聽。我知道這整件事的由來。」

門徒說：「請告訴我，讓我了解吧！這背後的祕密是什麼？我想解開這個密碼，才能確實遵守。」

長者笑了，他說：「這是件簡單的事，它並不可笑。你師父的師父給了他一個偉大的訊息，但他從未深入探詢，問問『這代表什麼意義？』你至少有足夠的智慧來探詢這個問題。他根本把它忘了！當你師父獲得這個訊息的時候，他還很年輕，他當時一直住在森林裡，隨身只有兩件衣服，那就是他全部的家當。但是屋裡有些大老鼠會咬壞他的衣服，所以他必須一再向村裡的人討新衣服穿。

「村民說：『你為什麼不養一隻貓呢？你只要養一隻貓，貓就會把老鼠吃掉，那樣就沒問題了，否則——我們都是窮人，怎能每個月供養你新衣服？』

「這十分合乎邏輯，因此他向人要了一隻貓。他有一隻貓了，於是問題就來了。貓當然保全了他的衣服，但是貓需要喝奶，因為一旦老鼠吃完，貓就得挨餓了。這個可憐的人根本無法靜心，因為貓總是在他附近哭泣、哀嚎，在他身邊晃來晃去。

「他前去尋求村民的協助，他們說：『這件事很難解決——現在我們變成必須供應你奶了。我們可以給你一頭牛，一切就解決了，你養了牛之後，可以喝奶，貓也可以活下去。這麼一來，你也不需要每天來化緣。』

「這個主意太完美了。他收下了牛……現在，一個世界於焉展開。這就是整個世界開始的方式。牛需要青草，於是人們說：『我們下個假日會來開墾森林，把地整好，你就可以開始種植一些麥子還有其他東西，然後留一些地種青草。』

「村民遵守諾言前來了。他們開墾了森林、整理了土地、種下了麥子。但是現在有個問題：你得灌溉它們……然後，那個可憐的人一整天都在照顧農地。沒時間靜心，沒時間研讀經典！

「他再度尋求村民的協助。他說：『我陷入越來越大的麻煩了。現在的問題是，什麼時候靜心？——根本沒時間！』

「他們說：『你稍微等待一陣子。有個女人剛成為新寡，她還非常年輕，我們擔心她會勾引村裡的年輕男子。請你把她帶走，她身體健康——她會照顧你的農地，還有牛啊、貓啊等，也會為你料理食物，而且她的信仰十分虔誠，所以不必擔心，她不會打擾你。』

「那就是事情如何依循邏輯演變至其合理結果的經過。從一隻貓開始，看看那人讓事情演變到什麼地步！

「於是，女人來了，她開始照顧他，有好幾天的時間，他過得很開心。她會為他做腳部按摩……漸漸地、漸漸地，終將發生的事發生了：他們結婚了。而當印度人結婚，至少會生一打的孩子——一打還是最低的基本數量呢！所以呢，所有的靜心、所有的棄世生活，全部消失得無影無蹤了。

「他只有在快要過世時才想起來。他再度憶起，當他的師父即將過世時曾告訴他：『要小心貓。』那就是他告訴你那句話的原因。現在，你也要小心貓！只要朝著錯誤的方向踏出一步，你就會走向錯誤的路，無論你去哪裡，你的頭腦都會和你在一起。」

我曾前往喜馬拉雅山區，有一次，我和另外兩位朋友進入喜馬拉雅山深處，走進了一個山洞，那裡美極了，於是我們決定在那裡過夜。隔天早晨，一位僧人走進來，說：「出去！這是**我的**山洞！」

我說：「這山洞怎麼會是你的？我不懂——這是個天然山洞。你不會去宣稱它的所有權，也不能宣稱它的所有權——你這麼做一點效力也沒有。而且，你已拋下世界、拋下你的房子、妻子、孩子、金錢，以及一切所有，現在你卻宣稱『這是**我的**山洞——你出去！』這山洞不屬於任何人！」

他非常生氣，說：「你不了解我——我是個非常危險的人！我不能把山洞讓給你，我已經在這個山洞住了十三年了！」

我們盡量地激怒他，然後他便氣得七竅生煙，好像準備開始戰鬥、準備要殺人似的！於是我對他說：「等一等——我們會離開。我們之所以激怒你只是為了讓你看看，十三年過去了，你還是擁有一模一樣的頭腦。現在，這個山洞是『你的』了，因為你已經在這裡住了十三年，所以這是你的。你出生的時候既沒帶著它來，死去的時候也不能帶著它走，我們也不會永遠住在這裡，只是過一夜罷了。我們只是旅人，我們不是僧人。我只是來這裡看看有多少愚蠢的人住在這一帶山區——而你似乎是其中的佼佼者！」

你可以離開世界……但你仍是一樣。你會再度創造出一樣的世界，因為你在自己的頭腦裡攜帶著它的藍圖。問題的重點不是離開世界，而是改變頭腦、拋下頭腦，那才是靜心的意義。

6

至福是目標，靜心是方法

至福（Bliss）是生命的目標；靜心是方法，是達成的途徑。至福是重點，靜心是橋樑，是帶著你前往遠方對岸的船隻。沒有靜心，就沒有人能知道何謂至福。

它不是感官之樂（pleasure），感官之樂屬於生理上的、化學上的，它沒有深度，而且非常短暫。在某個瞬間，你會覺得飛上雲端，但只有那一瞬間，當你從那一瞬間醒來時，深沉的哀愁和沮喪將會來襲，因此，人們在做愛之後總是倒頭就睡，那是避免注定來襲之哀愁的一種方式。

看看動物交配的情形，交配之後，你甚至也能在牠們臉上看見那一絲哀愁。牠們似乎不怎麼狂喜。如果你仔細觀察，會看見牠們的幻想破滅了，牠們覺得自己好像受到了欺騙。而事實上，那是大自然的一個詭計，大自然在欺騙你，它有它的目的。大自然想要繁殖物種，因此它設計出聰明的辦法。最聰明的就是你會短暫獲得感官之樂。也就是因為那種享樂，你才準備好進行繁殖。如果其中沒有半點感官享樂，整個性行為將會顯得很可笑，看起來就像是做體操或做瑜伽……它會看起來很愚蠢。

為了那種感官之樂，一個人才會繼續去做各式各樣的蠢事，然而，那只是一種化學現象，一種荷爾蒙的、生理上的現象。它無法有深度，因為生理學的深度並不深。

至福甚至不是快樂（happiness），我們所謂的快樂是心理上的現象。每當你發現有某種讓你得意洋洋的時刻，你的自我獲得滿足了，你就覺得很快樂。你成為一國的總統，你覺得很快樂——但是只有在那時候，因為你的自我獲得了滿足。你已經打敗了所有的競爭對手，你已經達到目的，其他人都失敗了，而你成功了……或者你擁有很多金錢、權力、聲望、名利等。然而，一個人很快會對這一切感到厭倦。

只有成功的人知道成功是件多麼累人的事。只有有錢人自己知道，他們有多麼徹底地失望——但是他們甚至不能這麼說，因為這麼說似乎更可笑，人們會嘲笑他們。他們已經浪費了一輩子的時間累積財富，而現在他們卻說這麼做很愚蠢。

馬哈維亞和佛陀這兩個拋棄自己王國的人，一定是非常有勇氣的人，棄俗需要勇氣。要承認「這一切全是愚蠢的，我們一直在過一個愚蠢的生活」這一事實，需要勇氣。自我可不想這麼做，自我想要繼續保有幻覺。所以，表面上你繼續微笑，但是內在深處除了眼淚以外一無所有，內在深處，其實隱藏著深深的焦慮。

每當自我獲得滿足，你就感到快樂——至福不是快樂，它是一個全然不同的現象。它不是感官之樂，因為它不屬於生理上的。它不是快樂，因為其中沒有自我獲得滿足。相反地，它是自我的消融，它是將你這分離的個體消融至整體之中。那就是所謂靜心的意義，融合、融入至整體，完全忘記自己是分開的，記住自己與整體的合一。那就是為什麼葛吉夫[1]向來將他的靜心過程稱為「記住自己」（self-remembering）的原因，它確實是個記住的過程。佛陀也向來稱他的靜心為「正確的記住」[2]。

即使我們認為自己與整體是分開的，我們仍是一體的。我們是不可分的，只是藉著認為自己是分開的，並不會讓我們變成分開的。我們所需的一切就只是憶起；我們所需的一切就是拋下那認為自己是分開的錯誤見解。在某些罕見的時刻，如果你能將你的自我、你的個性、你的身心綜合體擱置一旁，就只是做為一個觀看者、一個觀照者、一個意識，你就能嘗到靜心的第一口滋味。那麼，巨大的至福會立刻降臨，它會從四面八方、上下十方等各個層面湧向你。你所有內在的空無將立即被填滿，變成了一座至福之池。那是終點，而方法與手段就是靜心。沒有別的方法，沒有別的途徑。

因此，一個人必須學習汲取靜心的精神。無論需要多久時間、無論要付出什麼樣的代價，一個人都必須做好準備。一旦你準備好以任何代價擁有它，那麼它就不困難。當你完全準備就緒，你也配得上它了，事情也因而變得簡單了。

①譯注 Gurdjieff，1872~1949，亞美尼亞人，建立「第四道」靈性修習體系的大師，最先於俄國成立修行團體，後傳授其知識與領悟於西方。

②譯注 right remembering，巴利文爲 sammasati，佛教傳統上多稱爲「正念」。

7

每個人生來就是神祕家

一位朋友問：「靜心無疑是神祕家做的事，你為什麼對普通人和他們的孩子提出這種建議？」

首先，我從未見過任何一個「普通人」，他們不存在，他們是自我中心的人創造出來的。自我主義者必須創造出普通的東西——那是自我藉以存在、持續的唯一方式。沒有任何一個人是普通的，因為每一個人都是如此獨一無二。每一個人都是神所創造的——他怎麼可能是普通的？神從不創造普通的東西。祂所有的創造物都是稀有的。每一個個體都是如此獨一無二，因此他絕無任何一樣的複製品。過去的你從未被複製過，將來的你也無法再被複製，你無法找到任何一個和你一模一樣的人。

姑且不談人類……即使是動物、樹木、甚至海岸邊的一粒鵝卵石都不曾重複——甚至連兩顆鵝卵石都不可能一模一樣。每當你看見神的簽名，它永遠是原創的、永遠不是普通的。

神不是製造商，祂是創造者。祂不是像在工廠組裝線上生產汽車那樣製造出人。你可以擁有許多部一模一樣的福特汽車——那就是一部機器和一個人的差別。機器可以複製，人卻無法複製，而當你開始複製、模仿時，你就變得更像一部機器——那麼你就不再尊重自己的人性。那就是機器病理學被創造出來的方式。

你說：「靜心無疑是神祕家做的事。」它是神祕家做的事，當然如此，但是每一個人生來就是個神祕家——因為每個人內在都攜帶著一份必須被了悟的偉大奧祕；每個人都攜帶著一份必須被實現的偉大潛能。每一個人都帶著未來誕生，每一個人都擁有希望。你所謂的神祕家是什麼意思呢？神祕家就是試圖領悟生命奧祕的人，他朝著未知前進、朝著那片無名的未知領域前進，他的生命是一個充滿冒險與探索的生命。

但是每一個孩子一開始皆是如此——在心中帶著敬畏、帶著驚奇、帶著一份偉大的探詢。每個孩子都是神祕家，而在你們所謂的「成長」過程中，你與內在作為一個神祕家的潛能失去了聯繫，然後你成為一個商人，或成為一個職員、成為一個收藏家，或成為一個牧師。你成為了其他人，然後開始認為自己就是那樣。當你如此相信，它就是如此。

我在此所做的努力，是摧毀你對自己的錯誤認知，釋放你的神祕主義特質。靜心正是一種釋放神祕主義特質的途徑，而且人人可做——沒有任何例外，它不知道有任何例外。

「靜心無疑是神祕家做的事。你為什麼對普通人和他們的孩子提出這種建議？」沒有人是普通的，而且孩子們是最有能力的，他們是渾然天成的神祕家。在他們被社會摧毀之前、被其他機器人、其他腐化的人摧毀之前，最好幫助他們認識一些關於靜心的事。

靜心不是制約化，因為靜心不是思想灌輸，靜心不給予他們任何信條。如果你教導孩子成為一名基督徒，你必須提供他教義學說，你必須強迫他相信一些自然而然看起來很蠢的事。你必須告訴孩子，耶穌是由一位童貞女母親所生的——這變成了基本教義。現在，你是在毀去孩子天生的智慧。如果他不相信你，你就生氣，而當然，你有權力，你可以處罰那孩子。

你可以用許多方式折磨那孩子。如果他相信你，那就違反了他內在的智慧。它看起來沒有道理，但他卻必須與你妥協。一旦他開始妥協，他會開始喪失他的智慧，他會變笨。

如果你教導孩子成為伊斯蘭教徒，那麼同樣地，你也必須教導他一千零一件愚蠢的事。同樣的事也會發生在印度教，以及各式各樣的信念和教條。如果你教導孩子靜心，你便不是向他灌輸任何教條。你不會告訴他必須相信什麼事，而只是單純地邀請他進行一次「無思想」的體驗。無思想不是個教條，它是一種經驗。而且，孩子們非常、非常有能力辦到，因為他們離源頭非常近，他們才剛剛從神那裡過來！他們仍記得關於那份奧祕的一些事。他們才剛從另一個世界過來，尚未將它完全忘記。遲早他們會忘記，但那芬芳仍將圍繞在他們周圍。那就是為什麼孩子看起來總是那麼美麗、那麼優雅的原因，你曾見過任何一個醜陋的孩子嗎？

那麼，這些美麗的孩子到底發生了什麼事？他們消失到哪裡去了？在往後的生命過程中，很難再找到那麼美麗的人，這些美麗的孩子怎麼了？為什麼他們會變成醜陋的人？這過程中到底發生了什麼樣的意外或災難？

他們開始失去智慧的那一天，就開始失去了他們的優雅。他們開始失去自然的韻律、天生的優雅，然後他們開始學習可塑性行為。他們不再自發地笑、他們不再自發地哭、他們不再自發地跳舞。你強迫他們進入一個牢籠、穿進一件緊身衣裡面，你監禁了他們。

這些鎖鏈非常微妙，它並非十分明顯。這些鎖鏈是思想上的——基督教的、印度教的、伊斯蘭教的。你已經用鎖鏈捆綁了孩子，但是他卻看不見那些鎖鏈，所以他無法知道自己是如何被捆綁著，於是他將一輩子受苦。這座囚牢如此精微，它不是將一個人丟進一座監獄裡，而是在那人的四周創造出一座監獄，無論他去哪裡，這座監獄就跟著他到哪裡。他可以跑到喜馬拉雅山上，坐在山洞裡，但他仍會是個印度教徒，他仍會是個基督徒——而且他依然會思考各式各樣的念頭。

靜心是一種進入你自己內在的方式，直抵思緒不存在之處，因此它不是一種思想灌輸。它不教導你任何東西，事實上，它只是讓你對自己進入沒有思想、沒有頭腦的內在能力更加警覺，而它的最佳時機就是當孩子尚未被腐化的時候。

8

頭腦是個話匣子

頭腦純粹是一部生物電腦。一個孩子誕生時，他是沒有頭腦的，他的內在不會喋喋不休。需要花上三至四年的時間，他的機制才會開始運作。你會發現，女孩比男孩更早開始說話，她們是更大的話匣子，她們擁有的生物電腦品質更好！

它需要被輸入資訊，因此，如果你企圖回想過去的生命，而你是個男人的話，你會發現自己卡在四歲左右的某個時間點，若你是個女人，則是三歲左右。在那時間點之前，完全一片空白。當時你是在場的，一定曾發生過許多事，一定出現過許多事件，但似乎沒有任何記憶被記錄下來，因此你不記得，然而你卻可以清楚地回溯至四歲或三歲時的記憶。

頭腦從父母、學校、其他孩子、鄰居、親戚、社會、教會……等眾多地方搜集資料，周遭到處都是資料來源。你一定見過幼童第一次開始說話的樣子，他們會重複同樣的字眼許多次。多麼高興啊！——一個新的機制開始在他們身上運作了。

當他們可以造句時，他們會興高采烈地造句個不停，一造再造；當他們開始能提出問題時，他們會對每一件大大小小的事提出問題。他們對你的答案不感興趣，記住這一點！孩子提出問題時，仔細觀察，他對你的答案根本不感興趣，所以，不要從大英百科全書找來一長串的答案給他，孩子沒有興趣知道你的答案，他只是單純地享受著他的提問，他的存在裡出現了一個新的能力。

這就是他持續搜集資料的方式，接著，他會開始閱讀……更多、更多的語言文字。在這個社會上，沉默沒有價值，語言文字才有價值，你越是口若懸河，獲得的報酬就越多。你的領導人是什麼樣的人？你的政治家是什麼樣的人？你的教授又是什麼樣的人？你的教士、神學家、哲學家呢？終歸一件事，他們的口才非常好。他們知道如何適當地、有效地遣詞用字，以此帶給他人深刻的印象。

鮮少有人注意到，我們整個社會其實是被能夠在言語上滔滔雄辯的人所主導。他們可能什麼都不懂，可能沒有智慧，甚至可能不聰明，但有件事是確定的：他們知道如何玩弄語言文字。這是一場遊戲，而他們已經熟諳此道。它帶來的報酬包括受尊敬、金錢、權力等——各式各樣的報酬——因此每個人都躍躍欲試，頭腦也變得充斥著許多語言文字、許多思慮。

你可以將任何一部電腦啟動或關機——但是你無法將頭腦關機，這個開關不存在。沒有關於它的任何參考資料，沒有任何資料說神創造世界的時候，當他創造人的時候，為頭腦造了一個開關，可以讓你開啟或關閉它。開關不存在，因此從生一直到死，它都會繼續下去。

那些了解電腦和了解人類大腦的人有個非常奇怪的、令你感到詫異的想法。如果我們將大腦從人類的頭骨中移出，以機械方式維持它的生命，他們推測，它可能會繼續以同樣的方式喋喋不休。對大腦而言，不再與那個因它受苦的可憐人連結在一起已無關緊要，它依然能繼續做夢。現在它和機器連結在一起，但是它依然能繼續做夢、依然繼續幻想、依然會感到害怕、依然會投射、會盼望、會想要變成這個或那個。它完全沒有覺知到自己什麼都不能做，沒有覺知到曾經與它依附在一起的那個人已經不在了。你可以利用機器裝置讓這個大腦存活幾千年，它仍會繼續喋喋不休、重複循環——它繼續重複同樣的事，因為我們無法再教它新事物。一旦我們能夠教它新事物，它就會開始重複新事物。

在科學界流傳著一個普遍的想法，亦即像愛因斯坦這樣的人，在他過世時若讓他的大腦跟著一起死去，會造成巨大的浪費。如果我們能保留他的大腦，將它植入某個人的身體裡，那顆大腦就能繼續運作。愛因斯坦是否仍活著都無關緊要，那顆大腦將會繼續思考著相對論、思考著眾行星與其他理論。這個想法的重點是，一如人們在過世前捐血、捐眼角膜，人們也應該開始捐大腦，好讓他們的大腦能被保留下來。如果我們覺得那是一顆很特別的大腦，資質良好——而且讓它們就此死去是純然的浪費——那麼我們可以將它移植。某個白癡也可以被改造為愛因斯坦，而且這個白癡永遠不會知道——因為在人類頭骨裡面是不具敏感度的，你可以更改任何東西，而那個人永遠都不會知道。只要讓那人變成無意識的，然後更改任何你想在他大腦中更改的東西——你可以改掉整顆頭腦——他會帶著新頭腦醒來，展開全新的喋喋不休內容，而他甚至不會懷疑發生過什麼事。

這種喋喋不休就是我們的教育，而它基本上是錯的，因為它只教了你一半的過程——如何使用頭腦。它沒有教你如何停止它，以便讓它放鬆——因為即使你睡著了，它仍在繼續運行，它不懂得睡覺。七、八十年過去，它仍持續運作，一刻也不曾間斷。

如果我們能教育它……那正是我試圖要對你強調的重點，這件事是可能的，我們稱它為靜心。為頭腦裝一個開關，當我們不需要它時就將它關上，這是可能的。這麼做有兩種好處：首先，這為你帶來平靜與安寧，這是你過去從未體驗過的，而且它能讓你開始認識自己，過去因為頭腦的喋喋不休，讓這件事變得不可能；其次，它能讓頭腦休息。如果我們能讓頭腦休息，它就能以更有效率、更有智慧的方式做事。

因此，在這兩方面——頭腦方面與你的存在本質方面——你都能夠受益，你只是必須學習如何讓頭腦停止運作，如何對它說：「夠了，現在去睡吧。我醒著，不必擔心。」在需要時才使用頭腦，那麼它將會非常鮮活、朝氣勃勃、能量滿滿、精力充沛。如此一來，你所說的話將不會像枯骨一樣，它會充滿生命、充滿影響力、充滿了真理、真誠，而且意義重大。或許你用的仍是一樣的字彙，但因為頭腦已藉由休息累積了巨大的能量，現在它所使用的每一個字都將變成一道火光、變得充滿力量。

世人所謂的領導魅力，純粹是一個懂得放鬆、懂得讓能量累積的頭腦，那麼，它一開口便如詩歌一般，一開口便是福音。當它說話時，它不需要提供任何證據或任何邏輯推演——只要它本身的能量就已足夠影響群眾了。人們一向知道，這樣的人似乎有某種特質……儘管他們從來無法具體而精確地指出，他們所謂的領導魅力到底是什麼。

或許這是第一次，我要告訴你何謂領導魅力，因為我是從自身的經驗得知的。一個夜以繼日不停工作的頭腦，必然會變得虛弱無力、遲鈍、索然無味，處於類似苟延殘喘的狀態。它頂多是實用的：你去買菜的時候，它能幫上忙，但若要做得比那更多，它是沒有力量的。因此，千萬個本來可以散發領導魅力的人，繼續停留在一種貧乏、索然無味、毫無任何威信與力量的狀態。

如果可能——這確實可能——讓頭腦保持寧靜，只有在需要時才使用它，那麼它會擁有一股奔騰的力量。它已累積龐大的能量，因此它所說出的每一個字都將直接觸動你的心。人們以為，這種具領導魅力人格的頭腦具有催眠能力，但那不是催眠。它們確實是充滿力量、清新無比……永遠都是春天。這是針對頭腦而言。

就人的存在本質而言，寧靜能開啟一個全新的宇宙，一個永恆的、不死的、包含你所知之一切祝福與一切恩賜的宇宙。因此我才堅持，靜心是最必要的宗教，是唯一的宗教，不需要任何其他東西，其他的一切都是非必要的儀式。

靜心是精髓，那最為本質的精髓，你無法再從它消減些什麼了。它能將聖、俗兩個世界都給予你：它給予你另一個世界——那神聖的、神的世界——它也能給予你這個世界。那麼你就不會貧乏，就能擁有一種非金錢上的富裕。

富裕有很多種，就富裕的種類來說，一個人因為錢財而富裕是屬於富裕的最低等級。讓我這麼說吧：擁有錢財的人是最窮的富人。而從貧窮這一邊的角度來看，他則是最富有的窮人；

從創造力豐沛的藝術家、舞蹈家、音樂家、科學家的角度來看，他是最窮的富人；依究竟覺醒的世界來看，他甚至不能稱為富裕。

靜心能讓你究竟富裕，因為它給予你最內在之存在本質的世界——而它也能讓你相對富裕，因為它能釋放頭腦的力量，讓它充分施展才能。我個人的經驗是，每個人生來就具有某種才能，除非他在生命中將這份才能發揮得淋漓盡致，否則他的內在總會感到缺少了什麼。他會一直覺得，某種本來應該在的東西卻不在那裡。

讓頭腦喘口氣吧——它很需要！這非常簡單：只要成為觀照者就行了，它就能給予你兩樣東西。慢慢地、慢慢地，頭腦會開始學習如何安靜下來，而一旦它知道保持安靜能擁有強大力量，那麼它的話語就不再只是話語，而會具有某種影響力與豐富，散發出過去從未有過的品質——正因如此，它們能夠一語中的，就像射出的箭一般。它們繞過了邏輯的屏障，直抵核心。

那麼，頭腦在寧靜的手中就成了一個具備無比力量的優秀僕人。那麼，你的存在本質才是主人，主人能夠在需要的時候使用頭腦，也能在不需要的時候將頭腦關閉。

9

頭腦是個社會現象

頭腦只有在社會中才能存在；它是個社會現象，它需要其他人。你獨自一人的時候無法生氣，如果你生氣，會覺得自己蠢透了；你獨自一人的時候無法悲傷，因為沒有藉口讓你如此；你獨自一人的時候無法變得暴力，因為這需要他人的存在。你無法談話，你無法喋喋不休。你無法使用頭腦，頭腦無法運作——而當頭腦無法運作時，它就變得焦慮、擔憂。它需要運作；它需要某人和它溝通。

頭腦是個社會現象，一個社會的副產品。並非現代社會才有此一現象，過去一直是如此，即使是古老的年代，當一個求道者進入森林時，他也會感到焦慮、感到憂心，一開始他也會很沮喪。這其中的差別不是在於頭腦，而是在於耐心。頭腦一直保持一樣，但是在古代，人們比較有耐心，他們可以等待。你沒有耐心——這就是問題所在。他們的時間觀念不強，而你的時間觀念很強。

古時候，在古代世界裡——特別是東方——人們是沒有時間觀念的。那就是為何手錶和時鐘不是在東方發明的原因。中國會比印度更有可能發明這些東西，因為他們曾做過許多事，可能也發明了時鐘，用來計量時間，但是他們對時間並不感興趣。現代人的頭腦對時間太感興趣了，何以如此呢？這是基督教對世界造成的影響之一。透過基督教和伊斯蘭教，時間意識進入了這個世界，這有幾個原因。

在東方，人們一直以來都相信生命會永遠、永遠繼續下去。它是永恆的、無時間限制的——

所以不需要匆匆忙忙，你將會一而再、再而三地存在於此。你已經存在於此千百萬次了，你也將再度存在於此千百萬次，不需要匆匆忙忙。這一生既非最後一世，也非第一世，它是一段悠長的歲月，而你永遠只在中間——無始無終。因此，他們對時間能夠不著急，他們有足夠的時間可用，太夠了。

對基督教而言，人的生命只有一世——這是第一世也是最後一世。你一旦死去就沒有時間了，因此，你擁有至多七十年或八十年的壽命。有這麼多事情要做，而時間卻如此短暫。那就是為什麼西方人總是如此匆忙的原因，每個人都用跑的，因為生命一直在流逝。隨著每一刻的流逝，生命也變得越來越短促。時間不斷流失，你即將死亡，而你擁有這麼多的欲望想要滿足，卻沒有時間完成，這製造出焦慮。

東方的情況完全不同。有部西藏經典曾說，即使你很著急，也要慢慢來。即使你很著急，也要慢慢來。它說，如果你用跑的，你將永遠無法抵達目的地；如果你坐著，就能抵達目的地，但是如果你用跑的，你將會錯過。一個永恆的過程，生生世世，千百萬世，足夠的時間——如此人是可能有耐心的。在西方，人只有一生一世，而且每一刻，生命立即轉變為死亡，人卻什麼事都尚未完成，沒有任何欲望被滿足，每件事都是未完成的——如此你怎麼可能有耐心呢？你怎麼能等待？等待變得不可能。帶著唯一一生的概念，再加上另一個線性時間的概念，基督教在頭腦中創造出焦慮，而現在基督教的影響力已遍及全球了。

基督教說，時間不是以循環方式移動，而是以直線方式移動。沒有任何東西會再重複一次，因此每一個事物都是獨一無二的，每一個事件都是絕無僅有的唯一一次，不可能重複。它不是個循環，不是像馬車輪子移動時，每一個輪輻都會一再循環而至，同樣的輪輻將一次又一次地重複出現。

在東方，時間是個循環的概念，一如季節以循環的方式來臨。夏天來臨，然後它會再度來臨，過去如此，將來也永遠會如此。東方的概念比西方更接近真相，因為每一種移動都是圓形的軌跡。地球以圓形軌跡移動，太陽以圓形軌跡移動，星星以圓形軌跡移動，生命也以圓形軌跡移動——每一種移動都是圓形的循環。因此，時間不可能是例外。如果時間真的會移動，那麼它也是以圓形軌跡移動，線性的時間概念完全是錯誤的。

那就是為什麼在東方，我們對歷史從不感興趣。我們一向對神話感興趣，但是對歷史從不感興趣。是西方向世界引介了歷史的概念，因此耶穌才成為歷史的中心、曆法的開端。我們繼續以「西元前」、「西元後」來計算時間。耶穌基督成為所有歷史的中心，第一個歷史性人物。

佛陀並不是歷史性的，克里希納[1]也完全不是，你永遠無法確定克里希納是否真的出生過，這整件事是否只是個故事或是確切的史實。然而，東方不擔心這一點。他們說，每件事都是個故事，它已被述說過許多次，也將會一再被述說，不需要太過關切事實（fact）為何，因為事實是重複的，最好是關心主題（theme），而不是事實。因此，有許多事你可能無法明白……

據說，印度的一位神性化身羅摩（Rama）出生前，蟻垤[②]就已撰寫了他的歷史——在他出生前！那是不可能的。你怎麼可能在一個人出生前就寫好他的歷史？但是蟻垤先寫了，然後羅摩必須遵照他的故事、他所說的每一件事發展。這到底是怎麼回事？這太神祕了，但是如果你看看東方的時間觀，就一點也不神祕了。

蟻垤說：「我認識羅摩，因為在過去的許多時代，他都曾出生過——我知道那個核心的主題。因此我創造了這個故事，因為我知道主題是什麼，我知道核心要點是什麼。那些非核心的部分，我會加進故事裡。」

而羅摩當時一定這麼想：「何必反駁蟻垤呢？何必反駁這老人？跟著故事走吧。」

東方活在神話裡，神話意味著一個重複的主題，它的核心要義永遠存在。在西方，神話是無意義的，如果你能證明某件事是神話，它就變成無意義的，你必須證明它是史實，它曾發生在某個時間點，而且你必須精確地將它描述出來。

①譯注　Krishna，印度重要神祇之一，梵文意爲黑天，是印度教主神毗濕奴的第八個化身，常以吹著笛子的藍色牧童形象出現，又譯奎師那。

②譯注　Valmiki，印度詩人，相傳爲印度兩大史詩之一《羅摩衍那》的作者，或譯跋彌。

這種無重複生活的線性概念製造出焦慮，以致於當你進入沉默，單獨一人時，便開始憂心忡忡。一件令你擔憂的事是：時間白白浪費掉了，你什麼事都沒做，就只是坐著。你為何要浪費生命？這段時間無法重來，因為在西方，我們不斷被教育說「時間就是金錢」。那完全錯了，因為財富是由缺乏所創造的，而時間並不缺乏。整個經濟依賴的是缺乏：如果某樣東西很缺乏、很稀少，它就會變得很值錢。時間並不缺乏，它永遠在那裡。你無法把它用完，它永遠都會在那裡——因此時間不可能是經濟的。它不缺乏，不可能是財富。

然而我們不斷這麼教育人們：「時間就是金錢——別浪費了它。一旦浪費掉，它永遠不會再來。」因此，如果你單獨一個人，然後就只是坐在那裡，你無法一坐就是三年，你無法一坐就是三個月，甚至連三天都嫌太多——你浪費了三天！

而且，你在那裡幹嘛？第二個問題出現了——在西方，**存在**（being）不是很有價值，**作為**（doing）才有價值。他們會問：「你做了些什麼？」——時間總要用來做些什麼事吧！在西方，他們說「空空的頭腦是魔鬼的工廠」，你知道的，你心裡也知道這是真的，因此當你獨自坐著的時候，你變得害怕。浪費時間、什麼都不做，你會不斷質疑自己：「你到底在這裡幹嘛？就光是呆呆坐著？白白浪費時間？」——好似只是**存在**是一種浪費！你必須去做些什麼來證明你有效利用了時間。這就是差別所在。

在古代，特別是在東方，只是存在就夠了，沒有要證明什麼的需要。沒有人會問你：「你做了些什麼?」你的存在就已經足夠,而且是被接受的。如果你是寧靜、安詳、喜樂的,那就沒問題了。那就是為什麼在東方,我們從不要求桑雅士工作——不必,不需要。我們總是認為,那些拋下所有工作的桑雅士,比那些總是工作纏身的人更好。

這不可能發生在西方。如果你不工作,你就會變成流浪漢、變成乞丐。嬉皮是晚近才有的現象,但是東方向來都有嬉皮傾向。我們製造出世上最偉大的嬉皮!——一個佛陀、一個馬哈維亞,什麼都不做,就只是坐著、靜心,享受他們的存在,如是活在至福裡,沒有做任何事。但我們尊敬他們——他們是至尊、最崇高的、最受人尊敬的。佛陀乞討,但是就連眾國王都前來俯身於他足下磕頭。

一次,佛陀經過一個村莊,當地的地方首長告訴國王:「佛陀要來了,我們必須去接待他,觸碰他的腳,獻上我們的敬意。」

國王說:「但是有必要如此對待一名乞丐嗎?他只是個乞丐,我是偉大的國王。我為什麼要尊敬他,還向他磕頭?如果他想見我,他可以過來,和我約好時間見面。」

那位老首長是位非常有智慧的人,他立刻遞上辭呈,說:「若是如此,那麼我一刻也無法再待在這裡。」

國王開始擔心了,因為這人很重要,他沒辦法蒙受那麼重大的損失,所以他說:「為什麼呢？」

老首長說：「這完全錯了。你或許是位偉大的國王，你或許成為全世界的大帝，但是你無法比佛陀更偉大。他已拋下所有的王國，而你仍然執著於榮華富貴、名利權勢。他已離開了這一切，他一無所有，而唯有真正一無所有的人才是最崇高的，因為他不再欲求。你必須前去對他獻上敬意，否則請接收我的辭呈。我一刻也無法留在這個不神聖的宮殿裡。」國王只好去了。

東方是全然不同的，一個完全迥異的環境與氛圍。人的存在本質受到敬重，沒有人會問：「你做了什麼？」每個人就只是問：「你是什麼？」夠了！如果你很寧靜、安詳、充滿了愛；如果你有慈悲心；如果你已如花朵般綻放、開花——夠了。那麼，幫助你、為你服務就是社會的責任。沒有人會說你應當去工作，或你應當創造些什麼、你應當要有創造力。在東方，他們認為成為自己就是最高的創造力，而這種人的存在具有無與倫比的價值。他可能會保持沉默好幾年。

馬哈維亞沉默了十二年，他不說話、不進村莊裡，而且什麼人也不見。當他終於開口說話時，有人問他：「你從前為什麼不說話？」

他說：「唯有當你達成寧靜，話語才有價值，否則它毫無用處——不但毫無用處，而且還很危險，因為你把垃圾丟進別人的腦袋裡。因此，這是我盡力在做的：只有當我內在的說話停止時，我才開口說話。當內在的說話消失，我才會說話，那麼，它就不是一種疾病。」

他們能夠等待，因為東方相信輪迴轉世，他們能夠等待。有故事說，一個門徒前去求見師父，一等就是三十年，而且他什麼問題都沒問，只是等著師父問他：「你為什麼來找我？」三十年實在太久了——一輩子完全浪費掉了——但是三十年的等待將會發揮它的作用。

西方人來找我，他們說：「我們今晚就要離開了，所以給我們一些祕訣吧。我們要如何變得寧靜？但我們沒有時間留下來——我們必須離開。」他們是以自己熟悉的角度來思考——即溶咖啡——所以認為一定有些速成的靜心、一個祕訣，只要我給予他們，一切就結束了。不，沒有什麼祕訣。那是漫長的努力，那是最深的耐心。你越是匆匆忙忙，花的時間就越久，所以記住：「如果你完全不匆忙，它可能現在這一刻就會發生。當你不匆忙，頭腦的正確品質就會存在，寧靜就會存在。」

從前，有兩個僧人一起旅行，他們已搭船渡過了一條河，船夫對他們說：「你們要去哪裡？如果要去山谷另一邊的那座城鎮，就要慢慢走。」

但是那位老僧人說：「如果我們慢慢走，就永遠到不了，因為我們聽說城門在日落後就會關上，而我們最多只有一兩個小時的時間，路途還很遙遠。如果我們慢吞吞地，就永遠到不了，就必須在城外等候。城外很危險——有野獸什麼的——所以我們必須趕路。」

船夫說：「好吧，但這是我的經驗：那些慢慢走的人才會抵達目的。」

另一名僧人傾聽著他的話。他是個年輕人，他想：「我對這地區不熟悉，這位船夫或許是對的，最好是聽從他的建議。」所以，他慢慢地走，輕鬆地走，好似沒有要去任何特定地點，不匆忙，只是散散步。

老僧人一路匆匆忙忙地趕路，更開始用跑的。他身上背著許多經典，然後他跌倒了：疲累不堪、背負重物、年紀老邁，加上如此匆忙、緊繃，他摔了一跤。而那位不匆忙的人，就只是順暢地走著，最後抵達了目的。

船夫跟著他們走，後來來到了這位老僧人身邊。他躺在路邊，腿斷了，血流如注。船夫說：「我告訴過你，情況一向如此：那些慢慢走的人會抵達目的，那些匆忙的人總是會在某個地方摔一跤。這個地區很危險，路面非常顛簸，而且你年紀大了。我警告過你，可是你卻不聽。」

這是一則韓國的禪公案，也是人生的寫照。慢慢走、帶著耐心，不要匆匆忙忙，因為目標不在遠方的他處——它就在你裡面。當你不匆忙，你將會感覺到它；當你匆匆忙忙，就無法感覺到它，因為你太緊繃了。如果你一點也不趕著去任何地方，你就更能夠立即感受到它。

在日本，靜心稱為「坐禪」（zazen），坐禪的意思是單純地坐著，不做任何事。因此，禪師、禪僧一天會坐上六小時或甚至更久的時間。師父從不會叫他們做任何事，只是必須坐著。他們在訓練自己就只是坐著，不要求做任何事，連一句咒語都沒有——只管打坐。

這十分艱難。它看似容易，但卻十分艱難，因為頭腦會要求做一些工作、完成一些什麼事。頭腦會不停地說：「為什麼？為什麼要浪費時間？為什麼就只是坐著？只是坐著能發生什麼事？」但可能長達三年，甚至更久的時間，求道者就只是打坐。然後，漸漸地，頭腦不再提出問題了，它現在沒用了，你根本不聽它的話。它已經厭倦了，所以它停止發問。漸漸地，當頭腦不再發問，你會開始領悟到自己內在有一股新的生命力，它一直在那裡，但因為你如此忙碌，所以無法聆聽它的聲音，你感覺不到它。不再忙碌之後，你開始能夠感覺到它了。

頭腦總是不停製造問題與寂寞。利用至少三個月的時間獨處，並且事先下定決心，無論發生什麼事，你都不聽從頭腦的話。事先下定決心，你已打算浪費掉這三個月，所以你不會一直覺得自己在浪費時間——你就只是坐著，然後等待。奇蹟是可能發生的。

就在這三個月當中，可能某一天你會突然覺知到你的存在本質。沒有作為的時候，你將會覺知到存在本質。太多作為的時候，你將會一直忘記藏在後面的存在。

10

頭腦思考，靜心知曉

頭腦與靜心無法同時存在。不可能同時擁有兩者，你或者擁有頭腦，或者擁有靜心，因為頭腦是思考，而靜心是寧靜。頭腦在黑暗中摸索著那道門，而靜心是看見，沒有需要摸索的問題，它知道門在哪裡。

頭腦思考；靜心知曉。

這是人類之所以無法靜心——或說只有極少數的人敢於成為靜心者的一個根本原因。我們所受的訓練是屬於頭腦的；我們所受的教育也是為頭腦而設計。我們的野心、我們的渴望，只能由頭腦來滿足。你可以成為一國的總統、首相，但不是藉由變得更靜心，而是藉由培養一個非常詭計多端的頭腦。整個教育是由你的父母和你的社會所安排，好讓你滿足你的欲望、你的野心。你想要成為大人物，而靜心只能讓你成為無名小卒。

每個人都想要攀登至野心那座階梯的最高處，人們會犧牲整個生命來成為大人物。

亞歷山大大帝正要前來印度時，一個瘋狂的念頭進入了他的腦袋：他想要征服全世界。每個人或多或少都帶有一點點這樣的瘋狂，但他是帶著一整塊的瘋狂！當他朝著印度前進，經過希臘邊境時，有人跟他說：「你曾數度問起一位神祕家，一位非常奇怪的人戴奧真尼斯（Diogenes），他就住在這附近，如果你想見他，走路只要幾分鐘就到了，他就在河邊。」

戴奧真尼斯確實是位非常奇怪的人。事實上，如果你是個人，你就會成為一種奇怪的人，因為你會是獨一無二的。他光著身子過活……而他是人類潛能當中最美的人之一。但是，他手上總是拿著一盞點亮的燈——不分晝夜，沒有差別。即使是在白天，在光天化日之下，他在街上走動時也會拿著一盞燈。人們從前會嘲笑他，問他：「你為什麼要拿著這盞燈？這非但不必要地浪費燃油，而且讓你成為眾人的笑柄。」

戴奧真尼斯總是說：「我必須拿著它，因為我在尋找一個真實無偽的、真正的人。我還沒遇見過他。我遇見許多人，但他們全戴著面具，他們全是偽君子。」

他擁有豐富的幽默感。對我而言，這是一個真正具有宗教品質的人所擁有的最重要特質之一。他在臨終之際，仍然在身邊放著那盞燈。有人問戴奧真尼斯：「你快過世了，讓我們聽聽你在尋找的那個人是什麼樣子吧。你的生命就快結束了，你是否成功地找到了這個真實的人呢？」

他已奄奄一息，但仍睜開眼睛說：「沒有，我找不到這個真實的人。但我很高興沒有人偷走我的燈——因為到處都有小偷、罪犯、各式各樣的搶劫，而我又光著身子、是個毫無防備的人。這帶給我莫大的希望：我一輩子攜帶著這盞燈，卻沒有人偷走它，這讓我希望無窮，有一天，我一直在尋找的這個人或許會出生，或許我來得太早了。」然後他便過世了。

關於他的故事太多了，亞歷山大大帝曾聽說過這個人，也很喜歡這個人，他說：「我想要去見見這個人。」那是清晨時分，旭日東升的時候。戴奧真尼斯躺在河岸邊沙灘上，正在做日光浴。亞歷山大大帝感到有些尷尬，因為戴奧真尼斯全身一絲不掛。他也感到不好意思，因為頭一次有人躺在他面前這麼久——「或許這人不知道我是誰。」

所以他說：「或許你沒有察覺到是誰來見你了。」戴奧真尼斯笑了。

他有一隻狗，那是他唯一的伴侶。當他被問到為何要和狗做朋友時，他說：「因為我找不到一個值得做朋友的人。」他看看坐在自己身邊的狗兒說：「聽聽這個愚蠢的人在說些什麼，他說我不知道他是誰。事實上，他自己都不知道他是誰，這下，該拿這個白癡怎麼辦呢？你告訴我吧。」

震驚極了……但這卻是事實。儘管如此，亞歷山大大帝仍勉強想擠出一些話。他對話裡的侮辱充耳不聞，然後說：「我是亞歷山大大帝（the Great）。」

戴奧真尼斯說：「我的天哪！」他看看那隻狗，說：「你聽見了嗎？」——那是他向來的習慣，對狗說話——「你聽見了嗎？這個人以為自己是世界上最偉大的人（the greatest man）。這是自卑症候群的確切徵兆。只有飽受自卑感所苦的人才會假裝自己很偉大，自卑感越重，他們就開始將自己投射得越高等、越巨大。」

但他對亞歷山大說：「你來見我有什麼意義？我是一個窮人、無名小卒，唯一的財產就是一盞燈，在這世上唯一的伴侶就是一隻狗，還光著身子生活……你為什麼來見我？」

亞歷山大說：「我聽過許多關於你的故事，而現在我可以看見，那些故事一定全是真的——

你的的確確是個很奇怪的人，但某方面卻又美得無與倫比。我正要去征服全世界，聽說你住在這裡，我無法抗拒前來見你的誘惑。」

戴奧真尼斯說：「你已見過我了。別浪費時間了，因為生命很短暫，而世界如此之大——你很可能在征服它之前就死去。你是否曾想過……如果你成功征服了全世界，接下來要做什麼？——因為沒有別的世界了。你會看起來完全像一個蠢蛋。我可否問你，你為何要大費周章征服全世界？你說我是個奇怪的人，但我就只是一個在做美好日光浴的人，而你自己正在前往征服全世界的路途上，你卻不覺得自己很奇怪，奇怪得很愚蠢？為了什麼？你征服世界以後要做什麼？」

亞歷山大說：「我從沒想過這個問題，老實說，或許我征服世界以後會放鬆一下然後休息吧！」

戴奧真尼斯轉向狗兒說：「你聽見了嗎？這個人瘋了。他看見我已經在休息、放鬆——沒有征服任何東西！然後他要征服全世界之後才要放鬆。」

亞歷山大覺得很慚愧。這些話裡有真理，如此清楚、明白——如果你想要休息、放鬆，你現在就可以休息、放鬆，為何要延緩到明天？而且你將它延緩到一個不確定的時間。同時，你還必須要去征服全世界，好像征服全世界是一個讓人放鬆、讓人過一個平靜生活的必要步驟似的。

亞歷山大說：「我可以了解……我在你面前看起來很愚蠢。有任何事可以為你效勞嗎？我真的已經愛上你了。我曾見過偉大的國王、偉大的將軍，但我從未見過像你這樣如此有勇氣的人，一個不動如山、甚至連一聲『早安』也不說的人，一個懶得理我的人——而且反而不斷對著狗說話！我可以辦到任何事，因為全世界都是我的。你儘管說吧，我會為你辦到。」

戴奧真尼斯說：「真的嗎？那麼只要做一件事就好：請站在離我遠一點的地方，因為你擋住陽光了。我正在做日光浴，但你連最基本的禮貌都不懂。」

亞歷山大心裡一直記得這個人，在他往返印度的這趟旅途中，此人不斷縈繞在他腦海——只因他什麼都不要求。他只要提出請求，他可以給他全世界，但他只要求他站遠一點，因為他遮擋了射向他身上的陽光。

當他離開時，戴奧真尼斯說：「請記住兩件事，當做戴奧真尼斯送給你的禮物：第一，沒有人曾經征服世界。總是有一些東西是尚未被征服的——因為世界是多重面向的，你無法在一個如此渺小的生命裡征服它所有的面向。所以每一個想征服世界的人，總是滿懷挫折地離世。

「第二，如此你將永遠回不了家，因為野心就是如此帶著你遠離，一直往更遠、更遠的地方去；它不斷告訴你：『只要再幾哩路就好了，只要再走幾哩路，你就能完成心中的雄心壯志。』於是人們不停追逐這個幻想，生命卻不斷從他們手中流逝。只要記住這兩件事，當做是一個窮光蛋、一個無名小卒送給你的禮物。」

亞歷山大謝過了他——然而在這涼爽的早晨，他卻滲出汗水。此人實在太奇特了……他所說的每一件事，即使是在涼爽早晨徐徐微風的吹拂下，都能讓你汗水涔涔，因為他會一針見血，精準擊中你一直企圖掩飾著的傷口。

亞歷山大從未能成為全世界的征服者，他無法征服印度的最遠之處、他無法征服日本、中國、澳洲，當然，他當時仍不知道美國這地方。他在旁遮普（Punjab，印度北部、巴基斯坦東部一帶）打道回府，當時他只有三十三歲，但他的野心和為了滿足野心所付出的不斷奮鬥，已讓他筋疲力竭、彈盡援絕。年僅三十三歲，處於他年輕生命的最巔峰，但是在內在世界，他已垂垂老矣，已經準備好面對死亡了。可以這麼說，或許在死亡裡，他才能夠休息。

而戴奧真尼斯的陰影一直跟隨著他：「你將無法征服全世界。」他折返了，就在抵達他的首都雅典之前——只要再二十四小時的路程……

有時候，小小的事件會變得如此具有象徵性、如此意義重大。只要再二十四小時，他至少就能回到首都，他的家——不是戴奧真尼斯所指出的真正的家，但至少是在我們試圖打造成家園的房子裡。

真正的家是在內在，外在只有房子罷了，但他連外在的房子都抵達不了。他在返回雅典的二十四小時前過世了。

有個奇怪的巧合發生了：亞歷山大過世的那一天，戴奧真尼斯也過世了。在希臘神話裡，一如其他各種神話……印度神話也有相同例子：在進入另一個世界之前，你必須渡過一條烈河（Vaitarani）。在希臘神話裡，你也必須渡過一條河，那條河是這個世界和另一個世界的分界線。

到目前為止，我所說的仍是史實，但在亞歷山大和戴奧真尼斯過世之後，這個故事在希臘廣為流傳。它的意義非常深遠，它不可能是史實，但是它非常接近真實。它不是實際發生的事件。

那就是我區分事實與真實的方式：一件事可能是事實，但依然不真實；一件事可能非事實，卻是真實的。一個故事可能只是一個神話——不是史實，但卻有重要的意義，因為它直接指向那真實的。

據說，戴奧真尼斯就在亞歷山大過世後幾分鐘也過世了，他們在渡河時碰面了——亞歷山大在前面，戴奧真尼斯跟在後頭。亞歷山大聽見了後面傳來的聲音，他回過頭來，而這次的碰面，甚至比上次更加令他感到困窘，因為上次亞歷山大至少不是赤裸裸的，這次他卻全身赤裸。

但是人們總會試圖合理化，隱藏他們的窘境。為了掩飾他的困窘，他說：「哈囉，戴奧真尼斯。或許這是存在的歷史上頭一遭，有一個皇帝和一個赤裸的乞丐一起渡河。」

戴奧真尼斯說：「的確，但是你沒有講清楚誰是皇帝、誰是乞丐。皇帝在乞丐的後面。你浪費了你的生命，到現在還冥頑不化！你的帝國在哪裡？我什麼都沒失去，因為我什麼都沒有，只有那盞燈。就算是那盞燈，也是我在路邊發現的——我不知道那是誰的——我已經把它留在路邊了。我赤裸裸地來到這世界，也將赤裸裸地離開這世界。」

那就是卡比爾在他的一首詩裡所說的：

我已如此小心翼翼、如此覺知地使用生命的衣裳，
因此我能將神的禮物完好如初地歸還，
一如祂贈予我時的模樣。

（Jyon ki tyon dhari dinhin chadariya. Kabira jatan se odhi chadariya.）

整個社會——你的父母、老師、領袖、教士等——他們都希望你成為某個特殊人物，成為亞歷山大。而如果你想要成為靜心的，他們全都將反對你，因為靜心代表著遠離所有的野心。

當我還是個大學生時，我的系主任總是對我的考試狀況憂心不已，他說：「我在世界各地至少一打的國家裡教過書，學生好幾百人，但我從來不擔心他們的考試狀況。我覺得很納悶——為什麼我會這麼擔心你的考試情況？你必須答應我，你會準時參加考試。」

我告訴他：「這不是你的工作項目。你的工作是教導我，擔心是否參加考試這個問題的人應該是我。如果我應付得來，我就會準時赴考場。」

他感到懷疑。這位老先生過去總是每天開著車子到我的青年旅館，然後站在我的房間外面守候，來接送我並親眼看著我走進考場，接著才離開。我說：「這實在沒必要，你家遠在四哩之外，你必須早起，而且你又不是個習慣早起的人。」

他其實是個酒鬼，但生命是如此的一個奧祕，這裡有許多非素食者、酒鬼、賭徒，但你可能會發現他們充滿愛心、人性十足，這著實令人驚訝。相反地，有些嚴格的素食者……希特勒就是個嚴格的素食者，他從不抽菸、從不喝任何含有酒精的飲料，他早睡早起——他是個聖人！如果你僅僅看他的生活習慣與生活方式，他簡直跟僧侶沒兩樣，然而他卻殺害了好幾百萬人！如果他是個酒鬼、是個非素食者、一個老菸槍——但卻是個好人，那會好多了。

這位老先生，也就是我的教授，在那幾天不會喝酒，因為他必須早起接送我，強迫我去考場。整個大學都知道這件事，他們想：「這真是怪事！」我說：「這不是怪事，他愛我。他把我當成他兒子一樣愛我，他希望我將來成為某號人物。那就是麻煩所在：那種愛製造出麻煩。他擔心我對成為世上某號人物這件事太心不在焉。」

他曾指示主考官：「好好看著他，別讓他在我離開後跑掉了——因為我無法在外面白白等三個小時。看好他，別讓他走掉。而且看看他是否真的在寫字，而不是做些其他事。」

有時，我會在兩個小時內作答完畢，但主考官卻不讓我出去。他會說：「你的教授會來質問我。你繼續乖乖坐好，隨便你做什麼都好，可以再檢查一遍你寫的答案，或許你可以多加點什麼內容。」

我說：「這就怪了，我作答完畢了，應該可以離開的，別人都可以。」

他說：「別人可以，但他們當中沒有人每天像個囚犯一樣被帶進來！」

考試過後，教授會問我——他每天手上都拿著考卷——「你寫了什麼？」為了安慰他，我會說一些我根本沒寫的東西——而他心知肚明！我知道他很清楚，因為他是系主任，所以他會看我的考卷。在問我之前，他其實已經看過考卷，知道我寫些什麼了，而我會根據課本回答他，雖然我寫的答案根據的是我自己的看法。

但是他不會對我說：「我看過考卷了。」因為那是非法的，所以他會說：「你知道嗎？我知道……」

我說：「那怎麼辦呢？你不應該有任何非法行為，如果你做了什麼非法行為被抓到，我會第一個去告訴校長。」

他說：「但這些不是你寫的答案。你想要一輩子都當個無名小卒嗎？那會傷我的心。你有天分，你有天才，你可以成為任何你想要成為的人。」

我說：「我不想使用我的天分和天才來成為任何人。我只想放鬆地進入我自己的深處、做我自己，不求名利。我的決定助益的是靜心，不是頭腦。你所說的那些是有利於頭腦的——而且我還必須使用頭腦，但頭腦使用得越多，它就讓你離自己越遠。」

這就是為何人無法處於靜心狀態的原因：

整個社會都強迫他進入頭腦的狀態，而非靜心的狀態。

只要想像一個人人都是靜心者的世界，那將是個簡單的世界，但卻會是個絕美的世界，它將會是寧靜的。它不會有犯罪、它不會有法庭，它也不會有任何形式的政治。那將是個充滿愛的兄弟姐妹之邦，一大群全然滿足於自己的人、完全對自己感到心滿意足的人。即使亞歷山大大帝也無法送給他們任何禮物。

如果你追逐著想獲得自己以外的某樣東西，你就必須屈服於頭腦。如果你拋下所有的野心，更加關心你自己內在的綻放與開花；如果你更加關心你內在的汁液，好讓它能流向他人、滋潤他人；如果你更加關心愛、慈悲、和平……那麼你的人就會是靜心的。

11

諸佛心理學

佛洛依德向世界介紹了心理分析，它所根據的基礎是分析頭腦，它受限於頭腦，它走不出頭腦的範圍，一寸都辦不到。相反地，它深深進入頭腦裡，潛入它深藏的各個層面，潛入無意識，試圖找出一些途徑與方法讓人類的頭腦至少保持正常。佛洛依德式心理分析的目標，並非十分偉大。

其目標是讓人們保持正常，但正常是不夠的，保持正常並不具任何重要意義。它僅僅代表著一份正常的日常例行作息，以及你應付這種生活的能力。它不會給你任何洞悉事物真實狀態的洞見。它不會帶領你超越時間、超越死亡，它頂多提供了一個有幫助的設計給那些嚴重不正常，以致沒有能力應付日常生活的人——無法與人相處、無法工作、殘破不全的人。心理分析提供他們某種凝聚力（togetherness）以振作起來——請注意，不是完整性（integrity），而只是某種凝聚力。它能將他們捆成一束，但他們依然是殘破不全的，沒有任何東西在他們內在結晶起來，沒有任何靈魂誕生，他們不會變得充滿喜樂，只是比較沒那麼不快樂、比較沒那麼悲慘。

心理學能幫助他們接受不幸，幫助他們接受說這就是生命所能給予你的一切，所以別再要求更多。就某方面而言，那將危害他們的內在成長，因為內在成長唯有在一個人出現神聖的不滿足時才會發生。唯有當你對既有的事物完全不滿足時，你才會開始去找尋，你才會開始提升得更高，才會努力讓自己掙脫泥沼。

榮格進入了無意識的更深處一些，他探索了集體無意識。這是在泥巴池子裡更深入地挖掘，這是無濟於事的。

阿沙吉歐力（Assagioli）則是走到了另一頭的極端。他看見心理分析失敗了，遂發明了心理綜合學（psycosynthesis），但是它根據的是相同的概念，他只是強調綜合，而非分析。

諸佛心理學既非分析，也非綜合，它是一種超越，它超越了頭腦。它不是在頭腦內做工，而是一種帶領你走出頭腦的工作。那就是「狂喜」這個英文字 ecstasy 的確切意義——跳脫出來。

當你有能力跳脫自己的頭腦，當你有能力在你的頭腦和你的存在本質之間創造出距離，那麼你就已經踏出諸佛心理學的第一步了。而且，將會有一個奇蹟發生：當你跳脫頭腦，頭腦的一切問題將會消失，因為頭腦本身消失了，它對你已經失去了掌控能力。

心理分析就像是修剪樹葉，新的樹葉仍會不斷生長，它不是斬草除根；而心理綜合則是將落葉再黏回樹上——用黏膠貼回樹上，那亦無法賦予它們生命，只會讓它們看起來很醜罷了。它們不會生氣勃發、不會綠意盎然——它們不是樹木的一部分，只是黏上去的東西而已。

諸佛心理學能將滋生出各種精神疾病與心理疾病等問題的確切根源徹底斬除，是這根源製造出破碎的、機械化、機器人一樣的人，而方法很簡單……

心理分析要花上多年的時間，而當事人依然如故。它只是將老舊的結構修理修理，挖東牆補西牆，把老房子重新粉刷一番，但仍是同一間房子，沒有任何根本上的改變。它並未使當事人的意識產生蛻變。

諸佛心理學不在頭腦內運作。它對分析、綜合沒有興趣，它只是單純地幫助你跳脫頭腦，好讓你能從外面好好看一看，而如此的觀看即是蛻變。當你能將頭腦視為客體來觀看它，你已和它保持超然，你不與它認同。距離製造出來了，根源就剷除了。

為何根源是以這種方式剷除的？——因為那個不斷餵養頭腦的人就是你。如果你與頭腦認同，就是在餵養它；如果你不與它認同，就是停止餵養它，它就會自行消失。

有個很美的故事，我非常喜愛這個故事……

一天，佛陀經過一座森林，那是個炎熱的夏天，他覺得口很渴，於是告訴阿難陀，也就是他的大弟子，說：「阿難陀，你往回走，只要往回走三、四哩路，我們曾經過一條小溪流。請你帶一些水回來——拿我的缽去吧，我覺得又渴又累。」他當時年紀已大了。

阿難陀往回走，但是當他抵達那條小溪時，幾輛牛車剛好經過那裡，將整條溪水攪動得滿是泥濘，一些原本沉落溪底的枯枝敗葉，也紛紛浮出了水面，這樣的溪水根本不能喝。那裡的水污濁不堪，於是他空手而返，並且說：「您再等一等，我會往前走，我聽說只要再走兩、三哩路就會看見一條大河，我會從那裡取水。」

但佛陀說：「你回去從同樣那一條小溪取水回來吧。」

阿難陀無法理解佛陀為何如此堅持，但如果師父這麼說，做弟子的只能照辦。雖然覺得此舉十分荒謬——又得走上三、四哩的路，而且他知道那裡的水根本不能喝——他還是出發了。

出發前，佛陀說：「如果水仍然污濁，就先別回來。如果水是污濁的，你只要靜靜地坐在河岸邊，什麼都不必做，也別跳下小溪。坐在岸邊默默看著就好。遲早，水會再度變得清澈，那時候你就能以缽裝水回來了。」

阿難陀再度前往該處，佛陀說對了：水已經接近清澈了，落葉移開了、塵埃落定了，但仍不算完全清澈，因此他在岸邊坐下，看著溪流緩緩流過。慢慢慢慢地，它變得完全清澈透明，於是他手舞足蹈地回來。他終於了解為何佛陀如此堅持了，他傳遞了一個訊息給他，而他現在了解這個訊息的意義了。他將水遞給佛陀，然後頂禮佛足，感謝佛陀。

佛陀說：「你在做什麼？我應該謝謝你為我取水回來。」

阿難陀說：「現在我明白了。起初我有些生氣，只是沒有表現出來，但我確實很生氣，因為再度折返是件荒謬的事。但是我現在明白其中的訊息了。這確實是此刻我所需要的，我的頭腦也有相同的情況——坐在小溪的岸邊時，我覺知到我的頭腦和它一樣。如果我跳進溪流裡，只會使它更混濁；如果我跳進頭腦裡，只會製造出更多噪音，更多問題將接踵而至、不斷浮現。坐在岸邊時，我學到了這個技巧。

「現在，我也會坐在頭腦旁，靜靜地看著那些污濁的東西、各種問題、老舊的落葉枯枝，以及各種痛楚、傷口、回憶、欲望等等。我會以超然的態度坐在岸邊，等待這一切清理乾淨。」

這將會自動發生，因為當你坐在頭腦的岸邊，你便不再給予它能量。這就是真正的靜心，靜心正是超越的藝術。

佛洛依德談論分析，阿沙吉歐力談論綜合，而佛陀永遠都是談論靜心、談論覺知。

這種心理學有何獨特之處？靜心、覺知、警醒、觀照——那就是它的獨特之處。不需要任何心理分析師，你自己就可以做，事實上，你**必**須自己做。不需要任何指示，它是個如此簡單的過程——如果你去做，一切就很簡單；如果你不做，它會看起來很困難，即使只是「靜心」這個字眼，就會嚇跑許多人。他們以為這是什麼艱難的、吃力的事。沒錯，如果你不去做的話就會如此。好比游泳，如果你不知道怎麼游泳，它就會很困難，但是如果你知道，就知道它是個如此簡單的過程。沒有什麼事比游泳更簡單了，它絕非高深的藝術，它是一種出於自發、自然的行為。

對你的頭腦更加覺知一些，在覺知頭腦的當下，你將會覺知到「你不是頭腦」這個事實，這就是革命的開始。你已經開始往更高處流動，你不再受到頭腦的束縛。頭腦的運作就像顆石頭般，把你牢牢固定住，它把你固定在重力的場域之內。當你不再繫縛於頭腦的那一刻，你就進入了佛境。當重力失去它對你的控制力量，你就進入了佛境。進入佛境意味著進入一個漂浮的世界。你開始向上漂浮，而頭腦總是把你往下拉。

因此，問題不在於分析或綜合，問題純粹在於是否變得更覺知。那就是東方為何不曾發展出任何像佛洛依德、榮格或阿沙吉歐力學派等心理治療的原因——現在市場上有許多這類的東西。我們不曾發展出任何心理治療，因為我們知道心理治療沒有療癒作用。它們或許可以幫助你接受自己的傷口，但是它們無法讓它癒合。唯有當你不再依附於頭腦的時候，療癒才會來臨。當你與頭腦分離、不再與之認同、完全不受它的束縛，當頭腦對你的奴役結束，那麼療癒將會發生。

超越是真正的治療，它遠不只是心理治療。它不是個受限於你心理的現象，它遠遠比那更深廣。它是靈性的，它療癒的是你根本的存在本質。

12

是自我覺知，不是自我意識

自我意識（self-consciousness）是個疾病；自我覺知（self-awareness）是健康。那麼，其中的差別在哪裡？因為就字面上看來，它們指的似乎是一樣的東西，然而當我使用這兩個詞時，它們指的是不同的東西。

自我意識強調的是**自我**；自我覺知強調的是**覺知**。你也可以使用「自我意識」來代表這兩者，如果強調的是「自我」，它就是一種疾病，而如果強調的是「意識」，它就是健康，這非常細微，但卻是天壤之別。

自我意識是個疾病，因為你持續意識到自己——「別人覺得我如何？他們如何評論我？他們的意見是什麼：他們是否喜歡我、是接受我或拒絕我、喜愛我或不喜愛我。」總是我、我、我，自我（ego）總是中心焦點。這是一種病，自我意識就是所有疾病中最大的一種病。

如果你轉移焦點，轉移重點——若焦點能從自我轉移至意識，那麼你不會再擔心人們接受你或拒絕你，他們的意見如何不再重要了。現在，你想要在任何情況下都保持覺知。無論他們接受你或拒絕你；無論他們愛你或恨你；無論他們叫你聖人或罪人，都無關緊要了。他們所說的一切、他們的意見如何——那是他們的事，而且是他們自己的問題、自己要做的決定。你只是試圖在任何情況下保持覺知。

有人來了，對你鞠躬，他相信你是個聖人：你不必管他說了什麼、他相信什麼。你只是單純地保持敏銳覺知，你保持覺知，好讓他不會將你拉進無意識當中，僅此而已。有人來了，他侮辱你，朝你扔了一隻破鞋：你不必管他在做什麼。你只是單純地試圖保持覺知，好讓你保持不為所動——他無法將你拉向任何地方。

無論詆毀或讚譽、成功或失敗，你依然保持一樣。透過你的覺知，你達到一種安寧境界，那是任何一種方式都無法擾動的，你變得不再受他人意見的束縛。

那就是宗教取向人士與政治取向人士的差別。一個政治取向人士擁有強烈的自我意識——強調自我，總是擔心人們對他自己的意見。他賴以生存的就是人們的意見、人們的選票，最終，別人才是主人和決定者。一個宗教取向的人是他自己的主人，沒有人能為他做決定，他不依賴你的選票或你的意見。如果你來找他，那沒問題；如果你不來找他，那也沒問題。它不製造任何難題，他就是他自己。

現在，我想要對你說一件似非而是的事——它看似自相矛盾，但卻是個簡單的真相：那些具有自我意識的人——強調的是自我的人——其實並沒有「自我」（self）。那就是他們為何如此具有自我意識的原因，因為他們害怕——任何人都能奪走他們的自我。他們沒有自己的自我，他們不是主人。他們的自我是借來的，從你那裡借來的。有人對他們微笑，他們的自我便獲得一些支持；有人侮辱它，支柱就被奪走了，他們的結構就動搖了。有人生氣了，他們就害怕。如果每個人都生氣了，他們會在哪裡？他們又會是誰呢？他們的身分認同被破壞了。如果每個人都微笑並且說：「你好棒！」那麼他們就很棒。

那些充滿自我意識的人，政治取向的人……當我說政治取向的人的時候，我指的不只是那些真的在政治界的人。所有以某種方式依賴他人的人都是政治取向的。他們沒有任何自我，他們的內在是空的，他們總是懼怕自己的空虛。任何人都能將他們丟進他們自己的空虛裡——任何人！甚至一隻吠叫的狗都能將他們丟進自己的空虛裡。

一個宗教取向、具自我意識的人——強調的是意識的人——擁有一個自我，一個真實的自我。你無法從他身上奪走它；你既無法將它給予他，也無法將它從他身上奪走，他已成就了它。如果全世界起而反對他，他的自我也將會與他同在；如果全世界起而追隨他，他的自我依然不會有絲毫增長——不會如此。他擁有某種真實的狀態——他的內在有一個中心。

政治取向的人沒有中心，他試圖製造出一個虛假的中心。他從你那裡借一點，然後東借一點、西借一點……那就是他應付事情的方式。一個虛假的身分，一個搜集眾人意見組合而成的合成品，那就是他的身分。如果人們忘記了他，他會從此迷失，不知身在何處，事實上，他也不知自己是何許人。

你看見了嗎？一個人當了總統，突然間就成為某號人物。然後當他不再是總統了——那麼他就什麼人也不是，所有的報紙都把他給忘了，只會在他過世時想起他，即便如此，也僅是占據一個小小角落的篇幅。他們記得的將是一個前總統——一個前任重要人士，而不是一個人。發生了什麼事？只是一個人消失罷了。當你擔任要職，你會占據所有報紙的頭版版面。

你不重要——重要的是那個職位。

因此，那些內在貧窮的人，總是在追求某種重要職位，追求人們的贊成票和意見。那就是他們獲得靈魂的方法——當然，一個錯誤的靈魂。

心理學家探入了問題的深層核心，他們說那些試圖變得優越的人，其實飽受自卑情結之苦，而那些真正優越的人——他們一點也不會去操這個心。他們如此優越，以致甚至沒有覺察到自己的優越。只有一個較差的人會覺察到自己是優越的——而且他對這種事很敏感。如果你稍微暗示他：「你並不如自己想像的那麼優越。」他就會生氣。只有一個優越的人能站在後面當最後一名，所有較差的人都急著衝到最前面，因為如果他們站在後面，就會變成無名小卒，他們必須站在前面；他們必須搶到重要位置；他們必須擁有許多錢財；他們必須開大車；他們必須這個、那個……。較差的人，總是試圖以他們所擁有的東西來證明自己的優越。讓我做個總結：沒有存在中心的人會試圖透過擁有東西來獲得存在的中心——擁有地位、頭銜、名聲。

有時，甚至會發生這種事：有個人在美國殺害了七個人，那七個人他完全不認識，他在法庭上受到質問：「為什麼要這麼做？」他說：「我無法成名，所以我想至少可以變得惡名昭彰。我一定要當某號人物，我很高興自己的照片以一個謀殺犯的身分被刊登在新聞頭版。現在，隨便你們想要怎樣。現在我已經有種感覺，覺得自己是號人物了。法庭很擔心、政府很擔心、人民很擔心、新聞全在談論我——我可以想像，每一間旅館、餐廳……人們到處都在談論我。至少我有一天是出名的、是名人。」

所有的政客都是謀殺犯。你看不見這一點，因為內在深處你也是個政客。所有的政客都是謀殺犯，因為他們擔心的不是你，他們擔心的是自己的感覺：他們應該成為某號人物。如果謀殺能帶給他們這種感覺，那也是OK的；如果暴力能帶給他們這種感覺，那也是OK的。

我讀過一本關於列寧的書。有人曾邀請他聆聽貝多芬的交響曲，他拒絕了，而且是很堅定地斷然拒絕。事實上，他幾乎是以激進的態度說不。那位邀請他的人覺得很錯愕——為何他會如此生氣？他說：「為什麼呢？貝多芬的交響曲是世上最偉大的創作之一。」列寧說：「或許吧，但所有的好音樂都是與革命作對的，因為它能帶給你深深的滿足感，它能撫慰你。我反對所有的音樂。」

如果優秀的音樂傳遍全世界，革命將會消失，這個邏輯很中肯！列寧道出了一個關於所有政客的真相。他們不會喜歡世上的偉大音樂；他們不會喜歡世上的偉大詩歌；他們不會喜歡世上偉大的靜心者；他們不會喜歡那些狂喜的、歡欣鼓舞的人，不會的——因為如此一來，革命怎麼辦？戰爭怎麼辦？持續在世上發生的各種荒謬事情怎麼辦？

人們必須持續保持狂熱激奮，唯有如此才對政客有益。如果人們心滿意足、歡喜愉快，誰還會在乎那些重要地位？人們會忘了那些東西，他們會跳舞、會聽音樂、會靜心。為什麼還要去費心注意福特總統或這個、那個的？那裡什麼都沒有。但是當人們不滿足、不能放鬆時……那些沒有真實自我的人，會繼續支持其他人的自我，因為那也是他們唯一能爭取別人支持一己自我的方式。

切記：自我意識——若強調自我——是一種深層的疾病，隱藏在深處的病，一個人應該擺脫它。自我意識——若強調意識——是世上最神聖的東西之一，因為它屬於健康的人，屬於那些已回歸一己中心的人。他們是有意識的、覺知的。他們不是空虛的，而是充實、完滿的。

13

奧修為現代人設計的活躍式靜心①

動態的靜心方法是以宣洩、淨化為基礎，好讓你將內在所有的混亂丟出去。那就是這些技巧的美妙之處。你無法靜靜坐著，但你可以很容易開始進行動態的或混亂的靜心方法。一旦混亂丟出去了，寧靜就會開始發生在你身上。然後，你就可以靜靜坐著。如果正確進行，持續靜心，那麼這種宣洩式的靜心將能驅散你內在的所有混亂，如此你便不需要在旅程中經歷那段瘋狂的階段，而過去許多人都必須煎熬度過這階段。那就是這些技巧的美妙之處，瘋狂已經事先被丟出去了，它就內建在這個技巧當中。

如果你一開始就靜靜坐著，如同許多古老傳統所建議的方法那樣……例如瑜伽創始人帕坦加利（Patanjali）所建議的，那麼便沒有抒發式的方法。他那個時代似乎不需要，人們自然而然地非常寧靜、祥和、原始，頭腦尚未作用太多，人們睡得很好，和動物一樣生活。他們尚未從事太多思考、邏輯，以及理性的事務……而較偏向以心為中心，如同現今較原始的部落那樣。如此的生活，讓他們有許多自然宣洩的機會。

例如樵夫，他不需要任何抒發，因為藉由伐木，他所有的謀殺本能都被丟棄得一乾二淨了，伐木就像謀殺樹木一樣。一位切割石頭的工匠也不需要任何宣洩式靜心，他整天都在這麼做了。但是對現代人而言，許多情況已經改變了，如今你活在如此舒適的環境裡，除了瘋狂駕駛之外，生活中沒有任何宣洩的機會。

那就是為何在西方，因車禍意外致死的人比任何致死原因都要多，那是一種最大的疾病。

不是癌症或心臟病……沒有其他疾病像開車那樣造成那麼多人的死亡。第二次世界大戰期間，一年內有數百萬人死亡，而全球每一年有更多人因為瘋狂駕駛而死亡。

你或許已經觀察到，如果你是駕駛人，每當你生氣時就會開快車，你會繼續踩下油門，簡直忘了有剎車這東西。當你充滿恨意、煩躁易怒時，那部車子就成為你表達的媒介。否則，你住在如此舒適的環境裡，從事身體活動的機會越來越少，活在頭腦裡的程度越來越高……

那些了解大腦深層中心的人說，靠雙手工作的人比較不會焦慮、不會緊張，也睡得比較好，因為你的雙手與頭腦最深層的區域、大腦最深的中心連結在一起……你的右手與左腦相連、左手與右腦相連。當你使用雙手工作，能量就從頭流動至手，然後釋放出去。使用雙手工作的人不需要宣洩，但使用頭部工作的人，需要許多宣洩，因為他們累積太多能量了，卻沒有出口、沒有管道讓它透過身體釋放出來。它不斷在頭腦裡盤旋，頭腦將會因而發瘋。

①原注　奧修設計了一系列特別適合現代男女的活躍式靜心（active meditation），有許多方法皆包括一段激烈的身體活動與宣洩階段，接著是一段寧靜觀照與慶祝階段。這些靜心活動皆配合音樂進行，以引導靜心者進入不同階段。本書囊括了「奧修那達布拉瑪靜心」（Osho Nadabrahma Meditation）的步驟與音樂連結，它是其中一個最陰柔與被動性的技巧（見本書附錄）。其他較爲活躍的技巧包括「奧修動態靜心」（Osho Dynamic Meditation）、「奧修亢達里尼靜心」（Osho Kundalini Meditation），以及「奧修那塔拉吉靜心」（Osho Nataraj Meditation）。

但是在我們的文化與社會裡——在辦公室、工廠、市場裡——用頭部工作的人被稱為「首席」(head)：首席事務員，或首席官，而那些靠雙手工作的人，總被稱為什麼「手」(hands)，帶有貶意。「手」這個字本身，已經變成一個貶抑的字眼。

在古代，世界完全不同，人們就是「手」，沒有宣洩的特別需要。生活本身就是宣洩，那麼，他們可以很容易便靜靜坐著。但是，你沒辦法坐著，因此我才發明了宣洩的方法，只有在進行這個方法之後，你才能靜靜坐著，在這之前是沒辦法的。

其次，我總是堅持，讓歡慶成為你靜心的一部分。在這個意識的世界裡，沒有什麼比歡慶更有益了，歡慶好比為植物澆水。憂慮正好是歡慶的相反，它就像砍去植物的根部。要覺得快樂！以你的寧靜來跳舞。這一刻，它就在那裡——足夠了。為何要求更多？明天將會照顧它自己。這一刻已經太多了，為何不活出它、慶祝它、分享它、享受它呢？讓它變成一首歌、一場舞蹈、一首詩；讓它充滿了創造力。讓你的寧靜充滿創造力，利用它做些什麼吧！

有千百萬種可能性，因為沒有什麼比寧靜更富含創造力。不需要成為一名偉大的藝術家，世界知名，像畢卡索那樣，不需要成為亨利·摩爾[②]；也不需要成為一個偉大的詩人。那些成為偉大人物的野心是屬於頭腦的，不是屬於寧靜的。以你自己的方式，無論它多麼渺小，畫吧；以你自己的方式，無論多麼渺小，創作一首俳句吧；以你自己的方式，無論多麼渺小，唱一首歌、跳一支舞、歡慶吧，那麼你會發現，下一刻會帶來更多的寧靜。一旦你知道越是歡慶，你就會被給予更多、分享更多——你就越有能力接受。每一刻，它都不停地增長、再增長。而下一刻總是從這一刻誕生的，因此何必為它煩惱？如果這一刻是寧靜的，下一刻怎麼可能是混亂的？它要從哪裡冒出來？它將從這一刻誕生。如果我這一刻是快樂的，我的下一刻怎麼可能不快樂呢？

如果你想要在下一刻不快樂，你就必須在這一刻變得不快樂，因為從不快樂當中，才會生出不快樂；從快樂當中，生出的是快樂。你下一刻想要收穫什麼，你現在就得怎麼栽。一旦你讓自己擔憂，開始想著混亂會到來，它就會到來，因為你已經將它帶來了。現在，你必須收割這份莊稼，它已經來了。不需要等到下一刻，它已經在這裡。

記住這一點，這是件非常奇怪的事：當你悲傷的時候，你從來不認為那是你自己的幻想。我從沒見過任何悲傷的人對我說：「或許這只是幻想。」悲傷完完全全如此真實，但是快樂呢？——立刻讓你感到不對勁，接著你開始想：「或許這只是我的幻想。」而每當你感到緊繃，你卻從不覺得那是你的幻想。如果你能認為你的緊繃和焦慮也只是幻想，它將會消失。而如果你認為你的寧靜與快樂是幻想，它也會消失。

②譯注 Henry Moore，1898~1986，英國知名雕塑家。

任何被視為真的，就會成真；任何被視為不真的，就會變得不真。你就是你自己周遭世界的創造者，記住這一點。要達到快樂、至福的一刻是多麼罕見——別浪費時間思考它。然而要是你不做一些事，憂慮的可能性便存在。如果你不做一些事……如果你不跳舞，如果你不歌唱，如果你不分享，那可能性是在的。原本能用來創造的能量，將會製造出憂慮，它將會開始在內在製造出新的緊張。

能量必須是創造性的。如果你不將它用來快樂，同樣一股能量將會被用來不快樂。對不快樂而言，因為你的習慣已經根深柢固，所以能量會非常輕易地流動，但是對快樂而言，它是段辛苦的上坡路。

因此，你必須持續保持覺知，每當有個美妙的時刻來臨，就讓它抓住你、占據你，全心全意享受它……下一刻怎麼可能會不同呢？它要從哪裡誕生出不同？它要從哪裡來？

你的時間是在你內在創造出來的，你的時間不是我的時間，有多少頭腦，就有多少平行存在的時間，並非只有一個時間。如果只有一個時間，那將造成困難，那麼在飽受苦難的全體人類當中，就沒有人能成佛，因為我們屬於同樣的時間。不是的，時間是不同的，我的時間來自於我——它是我的創造。如果這一刻是美妙的，下一刻誕生後將更美妙——這是我的時間。如果這一刻對你而言是悲傷的，那麼將會有更悲傷的一刻從你而生——那是你的時間。有千百萬平行的時間線存在。只有非常少數人的存在是無時間的——也就是那些達到「無念」

的人。他們沒有時間，因為他們不思考過去，它已經逝去了，只有傻瓜才會去想它。

當一件事情過去，它就是過去了。過去的已經逝去，未來的尚未來臨，唯有此時此刻留下，純淨，充滿著強烈的能量。活出它吧！如果它是寧靜的，要心存感恩；如果它是充滿祝福的，要感謝神，要信任它。如果你能夠信任，它就會增長；而如果你不信任，你就已經毒害了它。

14

回答靜心者的問題

是否可能不使用任何技巧來靜心？

你所提出的問題確實非常重要，因為靜心本身不需要任何技巧，但是要除去靜心路上的障礙，卻需要技巧。所以必須清楚了解這一點：靜心本身不需要技巧，它很簡單就能了解，它是一種警覺、一種覺知。警覺不是一種技巧，覺知也不是一種技巧。

但是，在通往覺知的路上，卻有許許多多的障礙。數百年來，人類不斷在搜集障礙——它們必須移除。靜心本身並無法移除它們，需要另外特定的技巧來移除它們。因此，執行這些技巧只不過是為你打好基礎，只不過是將這條道路、通道鋪好。技巧本身並不是靜心，如果你停留在技巧上，就錯失要點了。

克里希那穆提（J. Krishnamurti）一輩子堅持靜心沒有技巧，結果非但沒有促成數百萬人達到靜心，結果反而是數百萬人變得堅信靜心不需要技巧。但是他們完全忘了要如何處理那些障礙物、那些阻礙，因此他們依舊停留在智性上的相信，相信靜心不需要任何技巧。我遇見過許多克里希那穆提的追隨者，其中包括和他極為親近的人，我問他們：「不需要任何技巧——我絕對同意。但是，靜心是否曾發生在你身上，或者其他任何聽從克里希那穆提的人身上?」

儘管他所說的話本質上絕對是真的，但他只道出了這經驗當中的正面面向，而這當中也有負面的面向。對那些負面面向而言，各種技巧是需要的——絕對需要——因為除非土壤整理好了，雜草與野生的根莖都從土壤裡拔除了，否則你無法在上面栽種玫瑰和其他美麗的花朵。玫瑰本身當然完全與那些野生根莖、那些你所拔除的野生植物無關，但是移除這些雜草是必要的，它讓土壤處於一種有利於玫瑰開花的正確狀態。

你問：「是否可能不使用任何技巧來靜心?」這不但可能，而且是唯一的可能，一點也不需要什麼技巧——這是單就靜心而言。但是你要如何處理你的頭腦?你的頭腦將會製造出一千零一個難題，需要那些技巧將頭腦從路上移開，開創出一些空間，讓頭腦變得安靜、寧靜，幾乎不存在。然後，靜心將會自然而然地發生，它不是技巧的問題，你不必做任何事。

靜心是一件自然的事，它是一個已經潛藏在你內在的東西，而且它一直試圖找到一條出路以接觸廣闊的藍天、接觸太陽、接觸空氣。但是頭腦從四面八方包圍住它，所有的門都關上了；所有的窗戶都關上了。我們需要技巧來打開這些門窗，那麼整片天空將立即為你所有，包括它所有的星星、所有的美麗，以及它所有的日出、日落。

只要有一小扇窗戶在阻礙你……只要有一小枝稻草跑進你的眼睛，就能阻礙你看見廣闊的天空，因為你沒辦法睜開眼睛了。一小枝稻草或小沙粒就可以阻止你看見滿天的繁星、無垠的天空，這絕對是不合邏輯的，但事實上，它們確實可以——它們正在這麼做。需要技巧將那些稻草、那些沙粒從你的眼睛裡移除。靜心是你的天性，是你的潛能，它是警覺的別名。

有個年輕父親用嬰兒車推著他的寶寶到公園散步，他似乎對嬰兒車裡傳來的嚎啕哭聲不為所動。「放輕鬆點，亞伯特，」他輕聲說。「冷靜點，當個好夥伴。」又傳出一陣嚎啕哭聲。「現在，就是現在，亞伯特，」這位父親喃喃自語，「不要發脾氣。」一位年輕母親經過，說：「我得恭喜你，你真的懂得怎麼對寶寶說話。」然後，她拍拍寶寶的頭，輕聲細語地說：「什麼事情在煩你呀，亞伯特？」

「哦，不是的，」那位父親大叫：「他的名字是強尼，我才是亞伯特。」

他只是試圖讓自己保持警覺：「亞伯特，別發脾氣。」他不想忘記，否則他很可能會把寶寶扔到湖裡！

靜心單純就只是不費力地保持覺知，一種不費力的警覺，它不需要任何技巧。但是你的頭腦裝滿了各式各樣的思想、各式各樣的夢想，以及許多的過去、許多的未來——它完全不存在於此時此地，而覺知必須是此時此地的。技巧是需要的，它們能幫助你斬斷與過去連結的根，斬斷你對未來的幻夢，讓你保持在這一刻、當作只有這一刻存在。若能夠如此，就不再需要任何技巧了。

海米．高柏正要前往探望處於臨終階段的朋友科恩先生。

「幫我們一個忙，」海米．高柏說，「你抵達天堂之後，可不可以想辦法告訴我，他們在那裡是否有打棒球？」

科恩說，如果可能的話，他當然會聯絡他的老朋友。

科恩先生過世幾天之後，海米．高柏接到一通電話：「哈囉！海米，」科恩先生說，「我是你的老朋友。」

「科恩？真的是你嗎？」海米問。

「當然，」他的朋友回答。「我有一些好消息，也有一些壞消息要告訴你。首先，天堂當然也打棒球。壞消息是，下星期天換你當先發投手。」

生命是件複雜的事，有好消息，也有壞消息。好消息是不需要技巧，但壞消息是，若沒有任何技巧，你就無法獲得它！

† † †

你一直使用一個關鍵字眼「去程式化」（deprogramming）來描述你的工作。你這些年來所建議的技巧包括了混亂與動態靜心，以及來自現代治療學派的技巧。為什麼你要創造新的靜心技巧，例如「亢達里尼靜心」或「動態靜心」，即便傳統上已經有來自瑜伽、蘇菲、佛教等數百種技巧了？另外，在你的社區裡，你也使用若干療法，例如完型（gestalt）、原始（primal）、會心（encounter）等療法，真的有這個必要嗎？有些人說，你私底下的真正目的是想對人們洗腦。

古老的靜心方法全是在東方發展出來的，他們從未將西方人納入考量。西方人當時是被排除在外的。我創造的技巧不僅是給東方人使用，而是給每一個人使用的——無論東方或西方。

東方傳統和西方傳統有所差異——是傳統創造出頭腦的。舉例而言，東方頭腦非常有耐心——數千年的教導都教人要有耐心，無論情況為何。

西方頭腦非常沒耐心，因此同樣的技巧與方法無法適用於兩者。

東方頭腦所受的制約是，無論成敗、貧富、健康或生病、生或死，都要保持某種程度的平等心、平靜心，而西方頭腦對這種平等心完全沒概念，它太容易受到擾亂了。成功時，它激動不已，覺得自己飛上雲端，有種優越情結出現；失敗時，它又走向相反的極端，馬上跌落十八層地獄，愁雲慘霧，陷入深深的痛苦，為自卑情結所苦，它被拉扯得四分五裂。

生命包含了兩者。有些時刻美妙無比，而有些時刻卻是醜陋的。有些時刻你墜入愛河，而有些時刻你怒氣沖沖、充滿憎恨。西方頭腦會順著各種情況隨波逐流，總是處於騷動中。東方頭腦已經學會了……那是種制約，它不是革命，只是一種訓練、一種紀律、一種習慣，表面底下其實是一樣的，只是有個深厚的制約讓它保持了某種程度的平衡。

東方頭腦非常緩慢，因為沒必要如此迅速，生命會遵循它自己的軌跡前進，每件事都是命運安排好的。你獲得了東西，不是因為你很迅速、很匆忙才獲得，你之所以獲得那些東西，是因為那是早已注定的。沒有必要匆匆忙忙，事情該什麼時候發生，它就會發生——不會提早一秒，也不會延遲一秒。

這在東方創造出一種非常緩慢的流動方式，就好像河流完全沒有在流動似的，它緩慢到令你察覺不出它在流動。再加上，東方的制約是，你已經活過幾百萬世，未來還有幾百萬世等著你，因此人的壽命不只是七、八十歲，壽命是無限漫長的。不必急忙，有這麼漫長的時間，你為何要匆匆忙忙？如果事情這輩子沒有發生，它可能會在往後的幾輩子發生。

西方頭腦速度很快，非常迅速，因為他們的制約是人僅此一輩子——就只有七、八十年——要做的事太多了。你的生命有三分之一花在睡覺，三分之一花在受教育、接受訓練——還剩下多少？

人生大半的時間都花在維持生計。如果你將每件事好好算一算，你會驚訝不已：在七十年當中，你甚至只剩下不到七年的時間可以做你想做的事。匆忙成了理所當然，瘋狂衝刺，瘋狂到忘了自己要去向何處，你所記得的只剩一件事——你是否快速前進。手段已變成了目的本身。

在同樣的道路上，只是方向不一樣……東方頭腦和西方頭腦的養成並不相同。在東方發展出來的靜心方法，從沒有將西方人納入考量，它們當初並不是為西方人設計的。現今的「西方人」在當時尚未出現。當《超越意識之法》[1]這本書撰寫完成時——書中包括了一百一十二種成熟的完整技巧——是大約五千至一萬年以前。

當時，根本沒有所謂的西方人，沒有所謂的西方社會，沒有所謂的西方文化。西方當時仍處於蠻荒時代，非常原始，不值得納入考量。東方就是全世界，正值文明發展的巔峰盛世。

我的靜心方法絕對是因應需要而發展的，我想要讓西方與東方的分界消失。

在濕婆《超越意識之法》之後的五千至一萬年，沒有任何人曾發展出一個方法。但我一直在觀察東方與西方的差異：同樣的方法無法被立即應用在這兩方身上。首先，東方與西方的頭腦必須被帶往相似的狀態才行。那些動態靜心、亢達里尼靜心，以及其他的靜心技巧都有宣洩作用，它們的基礎是宣洩。

你必須將裝滿頭腦的垃圾丟出去。除非你卸下那些垃圾，否則無法安靜地坐著。那就像強迫一個小孩子在房間的角落安靜坐著一樣，太困難了，他全身精力充沛，這簡直是在壓抑一座活火山！最好的辦法是先告訴他：「先去屋外繞著房子跑十圈，然後回來在角落坐好。」

如此一來就有可能了，你讓這件事有可能發生。現在，他自己想坐下了，想放鬆一下。他累了，筋疲力盡，現在，坐在那裡不會壓抑他的精力，他已透過繞著房子跑十圈發洩了他的精力，現在他比較輕鬆了。那些宣洩的技巧僅僅只是將你所有的沒耐性、你的匆忙、你的著急、你的壓抑等丟出去罷了。

另一個必須記住的因素是，對西方人來說，在他們能順利進行如「內觀」（vipassana）這樣的靜心之前，這是絕對需要的，內觀就只是靜靜坐著，什麼都不做，春來草自生。但是你必須要能夠靜靜坐著、什麼都不做——那是春來草自生的基本條件。如果你無法靜靜坐著，

①譯注 *Vigyan Bhairava Tantra*，印度哲學的克什米爾濕婆派提里迦（Trika of Kashmir Shaivism）學說中的重要文本，以濕婆與其明妃女神的對話形式呈現。英文版最早由保羅．瑞普斯（Paul Reps）翻譯並介紹到西方，收錄於《禪肉，禪骨》（*Zen Flesh, Zen Bones*）一書中。奧修曾於《奧祕之書》（*The Book of Secrets*）中詳細解說這部經典。

什麼都不做，你只是徒然打擾了草的生長。

我一向喜愛花園，無論我住在哪裡，我總會打造一座漂亮的花園和一塊草坪。我過去常常坐在草坪上對人們講話，結果我注意到他們都在拔草……純粹是用不完的忙亂能量。如果他們沒事做，就會開始拔草，我必須告訴他們：「如果你們再這麼做，就必須坐在室內，我不能讓你們破壞這片草坪。」

他們會克制自己一陣子，然後當他們繼續聽我說話時，出於無意識地，他們的手又開始去拔草！因此，靜靜坐著什麼事都不做，並非真的只是靜靜坐著什麼事都不做。那是在幫草地一個大忙，因為除非你靜靜坐著，否則草無法生長，你會阻止它，把它拔掉，你會打擾它。因此，這些方法對西方人來說是絕對必要的，但還有個新的因素摻進來：它們對東方頭腦也已經是必要的了。濕婆所作的那一百一十二種方法中所適用的頭腦，現在已經不存在了——即使在東方也不存在。西方勢力的影響無遠弗屆，現在情況已經改變了。

在濕婆的時代，西方文明不存在，東方正值巔峰盛世，它被稱為「金色鳥」，擁有一切的奢華與舒適：當時非常繁榮富裕。如今，情況正好相反：東方在過去兩千年來都處於奴隸狀態，幾乎慘遭世上的每個人剝削、蹂躪，被許多國家鯨吞蠶食、燒殺擄掠。它現在已是個乞丐。

英國在印度的三百年殖民統治，摧毀了印度原有的教育系統——那是個截然不同的系統。他們強迫東方頭腦依據西方的標準接受教育，而這麼做幾乎將東方的知識分子轉變成二流的西方知識分子。他們將西方那種追逐速度、匆匆忙忙、沒耐心，以及持續的苦悶和焦慮這些疾病散播到了東方。

如果你參觀卡修拉荷（Khajuraho）的廟宇，或柯那克（Konarak）的神廟，你就會見到東方的真實風貌。光是卡修拉荷一地就有一百座寺廟，但其中只有三十座保存了下來，其他七十座全被伊斯蘭教徒毀滅了。數以千計絕美的廟宇和雕刻，都被伊斯蘭教徒毀滅了。這三十座之所以殘存，純粹是巧合，因為它們隱藏在森林裡，或許侵略者把它們忘了。

但是英國對印度人的頭腦所產生的影響如此巨大，以致連甘地這樣的聖雄都想要將這三十座廟宇用泥巴覆蓋起來，以免被任何人看見。只要想想那些創造這幾百座廟宇的人……每一座廟宇一定花了幾世紀的時間才建造完成的吧。它們構造精巧、比例完美、優美絕倫，世界上沒有能與之相提並論的東西。

而你可以想像，這些廟宇並非孤單地存在。如果有數百座廟宇，那麼一定有個人口成千上萬的城市，否則這數百座廟宇便毫無意義了。那些人到哪兒去了？那些人連同廟宇一起被屠殺了。我只是拿這些廟宇做為例子，因為這些廟宇的雕刻對西方頭腦來說是色情的，而對甘地來說，它們也是色情的。

印度虧欠泰戈爾太多了，他阻止了甘地與其他一些準備將廟宇覆蓋起來、不讓人看見的政治人物。泰戈爾說：「這真是愚蠢透頂！它們不色情，它們是絕美的。」

色情與美麗之間的界限十分微妙。一個裸體女人不必然是色情的；一個裸體男人也不必然是色情的。一個美麗的男子、女子，裸體，也可以是美麗、健康、均衡的典範，他們是大自然最光榮的產物。如果一頭鹿可以是裸體而美麗的——沒有人會認為鹿是色情的——那麼，為什麼一個裸體男人或女人不能純粹是美麗的？

在英國的維多利亞時期，有些淑女會將椅子的腳以布裹住，因為腳不該赤裸裸——椅子的腳?!只因為它們也叫做「腳」，讓它們赤裸裸會被視為不文明、沒文化。維多利亞時代還有另一種風氣，人們在遛狗時會幫狗穿上衣服，牠們不該裸體……好似裸體本身即是色情似的。那其實是色情的頭腦。

我曾前往卡修拉荷上百次，我從未將任何一幅雕刻作品視為色情的。一個裸體畫面或裸體雕像，只有在挑起你的性欲時才會變成色情作品，那是唯一的準則：是否挑起你的性欲，是否對你的性本能具有刺激作用。但卡修拉荷的情況並非如此。事實上，那些廟宇是為了相反的目的而建造的。

它們是為了讓人們靜心冥思男人和女人的做愛。那些石頭活過來了，製作它們的人一定是當時人類所知最偉大的藝術家，它們是為了供人們靜心而存在的，它們是靜心的客體。它是座廟宇，靜心者圍繞著它坐著，看著這些雕刻，然後看著它們內在是否有任何性欲生起。這就是準則：當他們發現沒有任何性欲生起，那就是允許他們進入廟宇的證書。

所有這些雕刻都是在廟宇的外部、在外牆上，內部沒有任何裸體雕像。讓人們做此靜心是有必要的，當他們很清楚自己內在沒有欲望時——而且相反地，那些雕像反而讓他們正常的性欲望消退了——那麼他們就能夠進入廟宇，否則他們不該進入，那將會是一種褻瀆——內在帶著這種欲望進入廟宇，那會玷污了廟宇——你是在侮辱廟宇。

建造這些廟宇的人，也創造了數量龐大的豐沛文學作品。東方過去從未壓抑性，在佛陀和馬哈維亞之前，東方從未壓抑性，從佛陀和馬哈維亞開始，獨身禁欲才首次成為靈性的。否則，在佛陀和馬哈維亞之前，《奧義書》（*Upanishads*）和《吠陀》（*Vedas*）中的先知全是結婚的人，不是獨身者，而且育有子女。他們不是拋棄世界的人，而是擁有一切奢華與舒適的人。他們雖然居住在森林裡，但是他們的學生、國王、愛人會提供給他們一切所需，而且他們在叢林裡的道場、他們的學校、學院等也非常富裕。

在佛陀與馬哈維亞之後，東方才開始發展出一種病態的獨身與壓抑傳統。當基督教來到印度，它也帶來了非常強烈的壓抑趨勢。這三百年的基督教文化影響，讓東方頭腦變得幾乎和西方頭腦一樣壓抑。

因此，現在我的方法是適用於兩者的，我稱它們為預備方法。它們的目的是摧毀一切妨礙你進入寧靜之靜心狀態的東西。一旦動態靜心或亢達里尼靜心成功了，你就是純淨的。你已經將壓抑清除掉了，你也將追求速度、匆忙與沒耐心清除掉了。現在，你才有可能進入廟宇。

正是基於這個理由，我才談論如何接受性，因為若不接受性，你就無法擺脫壓抑，而我要你完全純淨、自然。我要你處於那一百一十二種方法都適用於你的狀態。

這就是我設計這些方法的理由——這些僅僅是用來清理的方法。

我也納入了西方的治療方法，因為西方頭腦和受其影響的東方頭腦都病了。今天，找到一個健康的頭腦是十分罕見的現象，每個人或多或少都感到某種不快，一種心理上的不快，某種空虛，就像傷口隱隱作痛。每個人都讓自己的生活變成一場噩夢，每個人都充滿憂慮，都太懼怕死亡，不但懼怕死亡，更懼怕生命。

人們心不在焉地活著，溫溫吞吞地活著：不像希臘的左巴活得那麼熱烈，而且不但沒有健康的滋味，反倒帶著生病的頭腦。人必須生活，所以他們過生活；人必須去愛，所以他們愛；人必須做這個、像這個，所以他們便照著做，否則沒有任何出於他們自己存在的誘因。

他們並非能量洋溢的，並非豁出去、淋漓盡致地活著。他們不是有冒險精神的——若沒有冒險精神，一個人就是不健康的。冒險是準則，向未知探索、前進，就是準則。人們不年輕，從孩提時代開始，他們只是變老，年輕從未發生過。

西方的治療法無法幫助你在靈性上成長，但它們能將所需的土壤準備好。它們無法播下花朵種子，但是它們可以將土壤準備好——那是必要的。那就是我納入各種治療法的原因之一。

還有另一個原因：我想要讓東方與西方會合。

東方發展出靜心法；西方從未發展出靜心法，它們發展出心理治療。如果我們想讓西方頭腦對靜心的方法感興趣，如果你想讓東方頭腦距離西方更近，那麼就必須有些施與受的交換。它不應只是東方的——應該包括一些由西方進化而來的東西，而我發現這些治療法的幫助極大。它們無法走得太遠，但就它們能達到的程度，已經是不錯了，在它們停滯下來的地方，靜心可以接手。

西方頭腦應該要覺得有某種屬於它自身發展的東西也被納入這一場交會、這一場融合，這不該是單方面的。而且它們非常有意義，它們沒有任何害處，只會帶來助益。

過去二十年來，我都在使用治療法，結果非常成功。它們成功幫助人們淨化了自己的存在本質，讓它們準備好進入靜心的殿堂。我的努力是消泯東方與西方的分裂。地球應該是一體的，不只政治上應如此，靈性上也應如此。

你說，人們認為這是一種聰明的洗腦方式，其實它比那還要更多：它是清洗頭腦（mindwashing），不是清洗大腦（brainwashing）。清洗大腦非常膚淺，大腦不過是頭腦所使用的一個機械裝置，你很容易就能清洗大腦——任何機械裝置都能被清理、清潔，然後上油。但是如果藏在大腦背後的頭腦污染了、髒了、充斥著壓抑的欲望、塞滿了各種醜陋，那麼大腦很快也會充斥著這些醜陋的東西。

我看不出這有什麼錯——清洗總是件好事。我相信乾洗的效力，我不用水洗的老方法。

真正的問題存在嗎？所有的問題都只是頭腦的遊戲嗎？覺知是否能讓問題消失，或者覺知有沒有可能會造成壓抑？我發現每當我感到比平時更安住於中心、更覺知時，我就不會覺得有任何問題，但是當我不再安住在中心時，老問題又回來了，而且看起來甚至更大。這是壓抑嗎？

† † †

所有的問題都是來自不覺知。不覺知製造出問題，它其實是唯一的問題。因此，當你變得警覺、覺知，問題就消失了——它們不是被壓抑了！如果你壓抑它們，你永遠無法變得覺知，記住這一點，因為當一個人壓抑他的問題，他將會害怕變得覺知。當一個壓抑問題的人突然變得覺知時，那些問題將會冒出來，覺知將它們帶到陽光底下。

那就像你在家中藏著一些垃圾，你會害怕把它們攤在陽光下，因為如此一來你會看見所有你一直在藏匿的東西。你不能把陽光帶進來。

我曾在某個村莊住了幾天。那裡有一條河，但是非常髒——它只是條很小的河，所以你甚至無法稱它為「河」。但沒辦法，沒有其他水源了。有位客人來探望我，和我一起住在那裡。現在，我有點傷腦筋了：要如何帶他到那條混濁的河流？因此，我在一大清早四點鐘的時候就帶他過去，我們非常享受這段時光，一邊聊著關於美的事，因為月亮仍高掛天上，河流看起來也真的很美。他陶醉其中，然後說：「我從沒去過這麼美麗的地方。」

我說：「那非常好，但是絕對不要在白天來。」

他說：「為什麼？」

我說：「不要來就對了。」

很自然地，隔天早晨，他又去了一次，回來時他說：「好髒的一個地方！」

但之前它的確看起來很美……

如果你壓抑，你會害怕變得覺知，那就是千百萬人害怕變得覺知的原因。覺知把光帶入你內在，讓你看見所有的蛇鼠、蝎子、惡狼……那是非常恐怖的。一個人會讓自己停留在黑暗中，至少，他可以繼續假裝一切沒問題。

覺知能釋放所有受到壓抑的東西，覺知從來不會壓抑——相反地，它釋放出壓抑。

但是你的經驗是真的，如果你變得覺知，問題會消失。自然而然地，你會生起一個問題：覺知是否壓抑了那些問題？——因為它們怎麼可能突然消失？當一個人失去了覺知，就失去了中心，你也不再如此有意識，問題隨之再度出現——而且比以前更大！因此，你理所當然會做出結論說是覺知壓抑了它們，但事實並非如此。

當你無意識的時候，就會製造問題，無意識有它自己的語言——就是問題的語言。那種情況就像是在黑暗中胡亂摸索。一件東西倒下了，然後你又被另一件東西絆倒，這些都是因為黑暗而造成的問題。如果有了光，你就不會被桌子絆倒，也沒有東西會倒下，因為你現在能夠行動自如了，你能清楚看見一切。然而，若你置身黑暗之中，又企圖在屋子裡到處走動，就會發生許多意外。在晚上，你可能無法找到門在哪裡，可能無法找到東西在哪裡。

在黑暗中，你的生活方式會製造問題。黑暗或無意識只懂得問題的語言，它根本沒有任何解決辦法，即便有人將解決辦法給了你，你的無意識仍會將它變成一個問題。這種事屢屢發生：如果我對你說了些什麼，你理解的完全是另外一回事。你完全從你自己的角度來理解。

那就是為什麼佛陀老是被誤解的原因，那十分自然，也是難以避免的。要了解一個佛非常困難，因此非常容易而且自然地就會誤解他。要了解他，你自己這方面必須具備極大的覺知力才行——因為他活在一個完全沒有問題的世界，在那裡，只有一個又一個的解決辦法，但是沒有問題，全是答案，卻沒有任何問題！而你活在只有一個又一個的問題、卻沒有答案的世界。你活在一個如此遙遠的地方……彷彿你們住在不同星球。

他繼續從那裡對著人們大聲喊叫，但無論傳達到你身上的是什麼，都已經是截然不同的內容了。再者，你總是能合理化自己所理解的東西，你也可能會變得非常好爭辯、充滿防禦心。頭腦非常狡猾、機靈，它可以用非常聰明的方式爭辯，甚至還能找到合理化的解釋與證據，它可以給你一種感覺，讓你以為自己已經正確地了解了。

然而這個提問極為重要，它對每一個在此的人都很重要，因為這裡是一個你必須變得越來越覺知的地方。覺知必須變成一種氛圍。

「真正的問題存在嗎？」

唯有當你無意識的時候才存在——那麼它就是真實的。如果無意識在此，它們就是真實的。如同當你睡覺時，夢才是真的——它們是真的嗎？是的，當你熟睡，它們完全真實，但是當你醒過來，你就知道它們不是真的，它們是睡眠意識的一部分。這是一模一樣的道理——如果你不安住於中心、不警覺，問題就存在。如果你變得安於中心、保持警覺、留神，當一個觀照者，問題自然會消散、蒸發。

「所有的問題都只是頭腦的遊戲嗎？」

是的，它們全是頭腦的遊戲，「頭腦」只不過是無意識的另一個名稱罷了。

「覺知是否能讓問題消失，或者覺知有沒有可能會造成壓抑？」

這依你而定。這其中有一點點危險。如果你強加覺知在自己身上，它就會變成壓抑性的，如果你讓覺知占有你，它就不是壓抑性的。如果你以固執而強硬的方式練習覺知，那麼那只是一種意志力的展現，那麼你會壓抑。意志總是會壓抑，意志就是壓抑的來源。意志力在哪裡，哪裡就會有壓抑。

因此，你的意識不能出自意志力，而必須出自了解。它必須放鬆，它必須是一種放下，不是受到強迫的。這是你一定要了解的其中一件最重要的事。如果你試圖努力變得覺知，就會造成壓抑。

舉例來說，憤怒生起了，你試圖去覺知憤怒——以意志力頑強地、強迫地、暴力地、侵略性地、積極地這麼做。藉由這種努力，憤怒的確會消退，它會落入你無意識的儲存池之中。它會轉入你一己存在的地下室，在那裡伺機而動。當你的努力不見了……努力不可能持續不輟，因為努力使人疲累。你可以試圖努力、運用意志力一下子、幾分鐘或幾小時，甚或幾天，但是遲早你必須放個假。你會厭倦這所有的努力，而一旦你開始放假，憤怒就故態復萌——這回它的力量更強，因為它被壓抑時是受到壓力的。每當有任何憤怒受到壓力，它就會獲得更大的能量，變得更為壓縮。所以，當努力和意志力的蓋子一被掀開，壓力獲得了移除，它就爆發為狂烈的暴怒。

那就是那些努力培養什麼的人身上所發生的事。他們可以壓抑自己的怒氣，但這徒然製造出暴怒。生氣是暫時的，暴怒是慢性的。生氣沒什麼好擔心的——它來了又去，它只是一陣微風，但是暴怒非常危險，它會成為你的一部分。它會成為你的根基，無時不存在。你難道沒有認識一些總是很生氣的人嗎？或許他們不會表現出自己的怒氣，但他們總是在生氣。無論他們做什麼，都帶著怒氣在做。憤怒就像他們表面底下一道持續流動的暗流。它進入了地下，但它影響了他們的愛、影響了他們的友誼、影響了他們整個人所散發的振動。他們變成了討人厭的人、醜陋的人，然而他們可能一點也沒有在表現生氣，從來不會露出憤怒的樣子。

一般來說，那些會為了小事生氣的人通常是好人。他們從不會暴怒而大發雷霆。你可以信任他們：他們不會謀殺別人或自殺。他們從來沒有累積那麼多的毒素。小量的毒素出現，然後就被丟掉了，他們總是保持清新、健康。一些情況製造出憤怒，但是他們不會收集憤怒，他們不累積——他們不是喜歡囤積的人。

而有一些所謂的好人、有名望的人、聖人等等，他們是真正危險的人——他們一直在累積。有一天它一定會爆發，如果它沒有爆發，就會變成他們的生活方式、成為慢性的。

永遠不要透過意志力將覺知帶進來，任何藉由意志力而來的都會出錯——讓這成為你的準則。那麼，要如何將覺知帶進來呢？了解。每當憤怒來襲，試圖了解它為何而來，試著不帶任何譴責，也不做任何辯護地去了解，不給予任何評價。只是看著它，保持中立態度。

如同你在看著天空裡一片移動的雲：在內在的天空裡，有一片憤怒的雲飄過——看著它。看看它是什麼，深入觀看它，你就會發現別的東西——或許是自我受傷了，所以你才生氣。現在，看著這片自我的雲，它更加精微了。繼續看著它，穿透它的深處。

從來沒有人能在自我中發現任何東西。因此如果你進入它的深處，你是找不到它的，而當你遍尋不著，它即不再存在。然後，突然間光明湧現——它來自於了解，來自於深深的穿透，來自於觀照，不靠努力、不靠意志力、沒有任何關於它應該像這樣或像那樣的定見。只有保持中立觀照著一切，覺知便生起了。如果這樣的覺知來臨，你永遠不會對它感到疲倦，因為它一開始就不是被強迫的，所以不需要放假！

只要想想：基督教、猶太教的神在短短六天之後就疲倦了，需要在第七天休息。在東方，我們從沒有神需要休息的概念，何必呢？這對祂而言有點困難。東方的神不停工作、不停工作——沒有假期。為何東方的神沒有假期？事實上，現在在東方、在辦公室和學校、大學等放的假，都是從西方傳來的。否則，根本沒有放假與否這個問題，因為我們從一個完全不同的觀點看待生命。它是一場遊戲，不是工作。

猶太教的神一定是倦了。六天的工作，這麼長的工作時間，而且如此失敗！一定會覺得疲倦。最後，祂終於創造了人類，而且從那時起，祂就沒有再創造任何東西了。這代表了發生在祂身上的是：祂對自己的創造物感到厭倦極了，因此在創造了人之後祂就收手了。祂說：「夠了就是夠了！」

但是東方的神是一種創造的連續，它是一場遊戲——里拉（leela），這樣就有可能了。讓你的覺知成為一場遊戲，不費力氣的、放鬆的，那麼它就能成為一種連續，它會在那裡，不會消失。

我的感覺是，提問者一定是努力過頭了，因此她才說：「我發現每當我感到比平時更安住於中心、更覺知時，我就不會覺得有任何問題，但是當我不再安住在中心時，老問題又回來了，而且看起來甚至更大。這是壓抑嗎？」

一定是有一點這種情況，否則那些問題不會回來。對於任何問題，一旦你以放鬆的方式深深看透它，它便永遠結束了。因為所有的憤怒都是一樣的。如果你深深看透一個令你憤怒的情況，你就從此了解它，它結束了，你也從中獲得了自由了。然後所有投入憤怒的能量將能為你所用；所有投入貪欲的能量也將能為你所用。突然之間，一個人會發現自己是一個巨大的能量儲存池，那麼他就能跳舞，能夠洋溢著喜悅。那麼生活就不再是一種忍受，而是變成一種享受。那麼，生命就是一場歡慶。

† † †

西方心理學家說，靜心是一種主觀現象，因此能針對它做的心理學研究不多。您同意嗎？

我不同意，因為是完全不能研究，而你說的是「能針對它做的心理學研究不多」——所以我說不同意。

一個人的內在、他的主觀性，是無法被侵入的，不可能將它變成一個客觀的研究。研究

(research) 是絕對不可能的——連尋找 (search) 都還沒有開始呢，你就已經在想著研究了！②

一個人可以親自體驗自己的主觀性，但他無法邀請一個研究者進入他，找出他是誰。這在本質上就是不可能的，而且幸好它不可能——那麼至少你的主觀性永遠是私密的，永遠是你的自由，不可能被闖入。

沒錯，一個人可以研究自己的內在，也可以努力透過語言文字解釋他在自己內在發現了什麼。或許那能帶給你一些關於你一己主觀性的概念——無法一模一樣，但是能獲得一些瞥見，或至少知道自己內在有一些必須去發掘的本質；它能為你帶來一些鼓勵：如果別人能辦到，為何你不能？或許他在自己的內在旅程所使用的方法，能幫助你找到適合自己的方法。也許需要稍微調整一下、改變一下，但同樣的方法或許適用。

然而，一百一十二種向內追尋的方法已存在了一萬年之久，不可能再增添任何一種方法了。內在追尋的科學是完整的，你只要看看那一百一十二種方法即可，我的經驗和我許多門徒的經驗是，當你找到適合自己的方法，你內在有某種東西會立刻雀躍不已——就好像心中有個東西被觸碰到，內在有某種鐘聲開始響起了。

因此，只要逐一看看那一百一十二種方法——每一種方法都以兩行文字描述——你可以慢慢地逐一瀏覽，看看哪種方法與你相應，然後試試看，最有可能的是，那就是適合你的方法。

如果剛好沒有試成功，就再繼續找，或許有其他效果更顯著的方法。但是對全體人類而言，所有的方法早已存在了。當你找到那方法時，那會是你自己的一段旅程，你的存在裡有某種東西會立刻被點亮。你的頭腦落入了寂靜，你知道的——不是來自任何外在權威的驅迫，而是來自內心的悸動——告訴你「這就是適合我的方法。」

當你開始嘗試這個方法，你會看見它有多麼放鬆、多麼簡單、順暢。隨著每一步前進時，你會感到自己更加踏實、根扎得更深——不再是騙人的、不再是美國人、不再是塑膠品。第一次，你覺得自己是貨真價實、真實無偽的。當你隨著方法越來越深入，喜悅和敏銳的感受也會隨之增加。

愛，毫無來由、不針對任何人，僅是一種純粹的愛意包圍了你。當你抵達存在本質的最中心，那裡將爆發出無邊無量的光明，以及你過去從不知道的芬芳。

那些較有接受性的人，可能會覺察到有件大事發生在你身上，因為你的臉龐會流露出某種你在佛陀雕像上看見的品質。你的眼睛，頭一次地，會具有磁性；你的舉止會散發出優雅。你的存在就是一種美麗，就是對你和所有人的祝福。當這份經驗臻至成熟，你將成為整體存在的祝福。

②譯注　幽默的雙關語。研究的英文 research 拆開是 re-search，有重新尋找之意。

確實無法對它進行任何客觀的研究，但這不表示這個主觀的世界不存在，那會是個愚蠢的結論，就像一個看不見光的盲人下結論說光不存在。

有些東西可以客觀地供人研究，但它們永遠是**東西**——不是生命、不是愛、不是意識。所有重要的都是主觀的。人類最大的悲劇之一就是，科學家不斷堅稱：除非你可以客觀地研究某事，否則它就不存在。這代表在愛因斯坦的實驗室裡，除了愛因斯坦本人以外，其他每樣東西都是存在的。那麼是誰在做所有這些實驗？誰在觀察、研究，誰在尋找那些電子、質子、中子？它們全都存在，因為它們是客觀的。愛因斯坦不存在，因為他的意識無法供人客觀研究。這完全愚蠢至極。

你的眼睛無法聽見音樂，不表示音樂不存在。你的耳朵無法看見光線，不代表光線不存在。它僅僅表示你使用了錯誤的方法——你用耳朵去看、用眼睛去聽。

客觀研究的方法是用在東西、物質上，內在的旅程——由於它不是探究物質，而是探究意識——需要的是不同的方法，就是我稱之為靜心的方法。

對客觀世界而言，觀察、實驗——這些就是方法。對主觀世界而言，觀照、體驗——這些才是方法。

科學一個最根本的原則之一就是萬物的存在必有其對立面。對立面不是衝突的，而是互補的。如果愛存在，恨就存在；如果美存在，醜就存在。如果客觀的現實存在，你便無法否認主觀現實的存在，否則就是違背了科學本身的根本原則。客觀的現實需要它的對立面，亦即主觀的現實。當然，不能以同樣的方法套用於兩者，需要的是不同的方法。

靜心無法幫助你找到原子能與核子武器，否則，東方在許久以前早就發現所有這些無意義的東西了。客觀的方法無法讓你發現一個人真正的存在本質。而若是不知道人真正的存在本質，就算你擁有全世界的財富，內在深處依然是個窮人、可憐人。東方與西方——客觀的途徑與主觀的途徑——兩者都只是一半。我所努力的方向是讓它們合而為一，不需要分裂。

吉卜齡（Rudyard Kipling）曾說過：「西方是西方，東方是東方，它倆永不相會。」他已離開人世了，但有時候我真想把他從墳墓裡拉出來，問問他：「東方與西方的分界線在哪裡？它們到處都在相會。」你和一些地方相比之下是東方，和另一個地方相比之下又是西方，竟說「它倆永不相會」？這太荒謬了！它倆永遠都在每一個點上相會，因為同樣一個點可以被稱為西方，同樣一個點也可以被稱為東方。加爾各答是孟買的東方，孟買是加爾各答的西方，但加爾各達又是仰光的西方，而仰光是加爾各答的東方。

吉卜齡是大英帝國的桂冠詩人，但是對我來說他只不過是個白癡。東方與西方無處不在相會，除了在人的身上之外。事情變得容易些了，那只是人的頭腦的問題，在真實狀態中其實是沒有區別的，那樣的區別完全是心理上的。

在我的門徒之中，這樣的區別已經被丟棄。我的門徒不屬於東方或西方，他們宣稱整個地球的所有權。他們宣稱客觀現實的所有權，也宣稱主觀世界的所有權。為了代表這種方式，我將這樣的新人類稱為「左巴佛」（Zorba the Buddha）。左巴代表物質主義者，客觀的途徑；佛代表主觀的、靈性的途徑。若分裂了這兩者，兩者都會是貧乏的。它們兩者都不是完整的圓，若能合而為一，就會變得無限豐富。結合在一起之後，他們將體驗到人類經驗中最大的狂喜。

† † †

您曾說過，藥物製造出化學的夢境——想像的經驗。克里希那穆提說所有的瑜伽修煉、所有的靜心技巧都像是藥物——它們會製造出化學變化，因此製造出經驗。請說說您的看法。

克里希那穆提是對的，這非常難以理解，但他是對的。所有的經驗都是透過化學變化而來——所有的，沒有任何例外。無論你服用迷幻藥（LSD）或禁食，這兩種情況都會讓身體產生化學變化。無論你是吸大麻或是做某種控制呼吸的**調息法**（pranayama），兩者都會讓身體產生化學變化。試著了解這一點。

當你禁食的時候，發生了什麼事？你的身體喪失了一些化學物質，因為它們必須每天透過食物來供應。如果你不供應那些化學物質，就無法維持正常的平衡狀態。由於禁食導致不平衡，你會開始感覺到一些東西。如果你禁食的時間夠長，就會開始產生幻覺。如果你禁食二十一天或更久，你會無法分辨自己看見的到底是真是假，因為這種能力需要某些化學物質，而它不見了。

在正常的情況下，如果你突然在路上遇見克里希納神，你第一個念頭會以為自己看到的是幻覺、錯覺，某種夢境。你會揉一揉自己的眼睛，看看四周，然後你會問問別人：「請過來一下，看看這個。你有看見一個像克里希納的人站在我面前嗎？」但是如果你禁食二十一天，現實與夢境的區別會消失，那麼如果克里希納站在你面前，你會相信他真的在那裡。

你觀察過小孩子嗎？他們無法分辨現實與夢境。如果他們在夜裡夢見一個玩具，隔天早晨他們會哭著醒來——「玩具跑到哪裡去了？」幫助你判斷的特定化學物質尚未產生，只有在它產生之後，小孩子才有辦法分辨虛實。

當你喝酒時，那種化學物質也會被破壞。

穆拉．那魯斯丁[3]正在教育他的兒子。他們坐在酒吧裡，他要教他何時該停止，所以他說：「看！看看那個角落。當你開始看見四個人而不是兩個人的時候，就知道是該停止喝酒，該

③譯注　奧修所說的故事與笑話中經常出現的主角。

回家的時候了。」

但兒子說：「爸，那裡沒有兩個人——只有一個人坐在那裡！」他爸爸已經醉了。

喝酒的時候會怎麼樣？一些化學變化會發生。使用迷幻藥、大麻或其他物質的時候，會怎麼樣？一些化學變化會發生，你會看見自己從沒見過的東西。你開始感覺到一些東西，你變得非常敏感。

那就是麻煩所在：你無法說服一個上癮者放棄他的麻醉藥物，因為真正的現實似乎非常平淡無趣。一旦他透過他的化學物質、他的化學變化來看這個現實……樹木更翠綠了、花朵更芳香了，因為他可以投射，他可以創造出一個虛幻的世界。現在你卻告訴他：「停止吧！你的孩子在受罪，你的老婆在受罪，你的工作也快毀了——停止吧！」但是他停不下來，因為他已經瞥見了一個虛幻世界，但那卻是如此美好。如果他現在停止，世界會顯得太粗糙、太普通了。樹木不再那麼翠綠，花朵聞起來也沒那麼芳香了，甚至老婆——你可能為了他老婆好而勸他——看起來也會非常平庸、了無生氣，只是例行公事。當他在藥物的影響下，老婆簡直就像埃及豔后，世上最美麗的女人，他過著夢幻的生活。

所有的經驗都是化學上的——毫無例外。當你深呼吸，會讓身體出現許多氧氣，而氮氣的量減少了，更多氧氣會改變體內的化學變化。你開始感受到過去從未有過的感覺。如果你在穆斯林的蘇菲旋轉舞中不停旋轉，不停地快速迴旋，身體也會產生變化。透過旋轉，身體的化學物質改變了，你會覺得頭暈，一個新世界開啟了。所有的經驗都是化學上的。

當你飢餓的時候，世界看起來會不一樣。當你非常滿意、飽足的時候，世界看起來又不一樣。窮人有一個不同的世界，富人也有一個不同的世界。他們的化學反應不同。一個聰明的人有一個不同的世界，一個愚笨的人也有一個不同的世界，他們的化學反應不同。女人有一個不同的世界，男人也有一個不同的世界，他們的化學反應不同。

當一個人性成熟，大約十四、五歲的時候，一個不一樣的世界出現了，因為血液裡開始流著新的化學物質。對一個七歲的孩子而言，如果你和他談論性和性高潮，他會認為你很蠢——「你在胡扯些什麼東西？」——因為那些化學物質尚未開始流動，那些荷爾蒙還不在血液裡。但是到了十四、五歲的時候，他們的眼睛充滿了新的化學物質——一個平凡的女人突然間改變了。

穆拉·那魯斯丁以前很喜歡在放假日前往山丘。有時候，他會安排十五天的假期，但是在第十天就回來。老闆問他：「怎麼回事？你要求休假十五天，卻提早五天回來？」而有時候他請了兩星期的假，卻四個星期才回來。「所以，到底怎麼回事？」老闆問他。

穆拉說：「這有些數學上的原因。我在山上有間小屋，小屋是由一位年老而且非常醜的女人負責照顧的。所以，這是我的標準：每當我開始將那位醜女人看成漂亮女人的時候，我就會逃跑。有時八天之後就會發生這種事，有時則是十天……她很醜又很可怕，你沒辦法將她視為漂亮女人。但是每當我開始想起她，她開始進入我夢中，而且我還覺得她很美時，我就知道是該回家的時候了，否則這很危險。所以，很難說。如果我夠健康，這種事就會比較快發生。如果我不太健康，那麼大約要兩星期。如果我非常虛弱，那麼要三個星期，一切要視化學變化而定。」

所有的經驗都是化學上的——但必須做出一個區別。有兩種方式，一種是把化學物質放入身體裡——注射、吸食或丟進去。它們來自外在，它們是闖入者。那就是全世界所有的吸毒者正在做的事。另一種方式是藉由禁食、呼吸等方法改變身體……那就是東方所有的瑜伽士在做的事。他們屬於同樣的途徑，其中的差異很小。其中的差異是，吸毒者從外在攝取藥物，他們侵入了身體的生物化學系統，而瑜伽士試圖改變自己身體的平衡性，但並非從外在闖入。不過對我來說，兩者是相同的。

然而如果你有任何想要體驗的衝動，我會告訴你選擇瑜伽士的途徑，因為如此你才不會養成依賴性，你會較為獨立。而且那麼做你永遠不會上癮，那麼做你的身體能夠保持它的純淨、維持它的有機整體性。那麼做，至少你不會犯法——不可能遭到警察搜捕。而且那麼做，你可以很容易超越。不是嗎？……那是最重要的。

如果你從外在攝取化學物質進入身體，你將無法擺脫它們，那會十分困難，每一天，都會越來越難以超越。事實上，你會變得越來越依賴，依賴到失去所有的生活，失去生命所有令人欣喜的元素，只剩下毒癮經驗成為你生命的一切、成為生命的全部重心。如果你透過瑜伽方式來經驗，透過身體內在的化學變化，你永遠不會養成依賴性，而且能夠超越它。因為宗教的整個重點就是超越一切經驗。無論你經驗到的是美麗的五光十色——透過迷幻藥看見彩虹圍繞——或你透過瑜伽修煉體驗到天堂，基本上那都沒什麼差別。事實上，除非你超越一切經驗，一切客觀經驗，直到你達到一個只有觀照留下的點，而且沒有任何要被經驗的經驗，只有經驗者留下，否則，你甚至連宗教的邊都沒摸到。

克里希那穆提是對的，但是聽他話的人誤解了他。他們以為所有的經驗都是無用的，於是他們照舊過日子，他們不做任何努力。我知道所有經驗都是無用的，一個人終究必須離開它們，但是在你能夠離開它們之前，你必須先擁有它們。它們就像梯子一樣：必須被拋下，但一個人必須先往上爬。唯有當一個人已跨越了它，才能夠拋下它。所有的經驗都是幼稚的，但一個人必須經歷它們才能變成熟。

真正的宗教經驗根本不是一種經驗。宗教經驗不是一種經驗：它必須回歸經驗者本身裡面那一切已知與未知、可知與不可知都消失的地方。唯有觀照本身留下，唯有純粹的意識，沒有經驗的污染——你不會看見耶穌、不會看見佛陀，你也不會看見克里希納站在那裡。

那就是為何禪師會說：「如果你在路上看見佛陀，立刻殺了他。」（見佛殺佛）佛陀的追隨者說：「如果你在路上看見佛陀，立刻殺了他。」偉大的教誨，不是嗎？……因為佛陀是如此美麗，你可能會被夢境所迷惑，然後繼續閉起你的眼睛，看著佛陀或克里希納在吹著笛子。你可能看見的是一個非常具有宗教意味的夢，但它仍舊是一個夢，不是真實。

你的意識才是真實的，其他一切都必須被超越。如果能夠記住這一點，那麼接著就必須經歷過所有的經驗——必須要去經歷。

如果你不停地追逐經驗——就像每個人都在做的，那變成了成長過程的一部分——那麼最好是選擇瑜伽修煉而不是藥物，瑜伽練習更精微、更細緻。你必須認知到一個事實，就是印度已經實驗過所有的藥物了，美國在這個領域只是個新來的菜鳥。從《梨俱吠陀》經典裡的蘇瑪酒④到大麻（ganja），印度已經嘗試過所有的東西，最後了解到這純粹是浪費時間。後來印度嘗試瑜伽修煉，然後有好幾次像佛陀、馬哈維亞那樣的人出現，他們來到了一個甚至連瑜伽修煉都徒勞無益的階段，它必須被拋下。

克里希那穆提說的不是什麼新的東西，那是諸佛都有的經驗。但是，記住，一個經驗唯有在你獲得它的時候才會變成你的經驗。沒有人能將它給予你，它無法出借。如果你依然幼稚，而且覺得自己需要一些經驗，那麼最好是透過瑜伽來獲得。但最後，那也一樣必須被拋下。

如果你要在迷幻藥和**調息法**之間選一個，最好是選擇**調息法**。你比較不會依賴，而且會更有能力超越，因為你在那當中不會喪失覺知。在迷幻藥當中，你會完全喪失覺知。

永遠要選擇更高的東西。每當有一個可能性存在，而你想要做出選擇，那就選擇更高的。

總有一刻會到來，那時候你不會想選擇任何東西……那就是無選擇。

† † †

昨天在坐禪的時候，我感覺到自己的頭被一根棍子打了一下，但是當時並沒有人打我。今天您在演講的時候，我的頭又被打了兩次，但周圍根本沒有人在拿棍子打人。那是沒有魔法的魔法嗎？

那純粹是你的想像，在靜心的途徑上，想像是最大的陷阱。要小心。你可以想像得非常深入，而且強烈相信自己的幻想，以致它顯得比真實更真實。

想像是個巨大的力量。在靜心的途徑上，想像是個障礙；在愛的道路上，想像卻是個助力。在愛的途徑上，想像是用來做為一種設計：你被告知要盡可能熱烈、充滿熱情地想像。但是在靜心的途徑上，同樣一件事就變成了障礙。

想像只是表示你視覺化了某種東西，但是你投入如此多的精力，以致它幾乎成真。我們每

④譯注 somarasa，也稱作月露，一種令人迷醉的植物萃取汁液。

一天晚上都會做夢，做夢時，每個夢都看似如此真實。如果能在夢裡知道那是一個夢，一切就結束了，然後你會發現自己是清醒的。夢境唯有在你相信它是真實的時候才能繼續存在。即使是非常多疑、不輕易相信、抱持科學態度的人，即便是他們，在夜晚也會相信，繼續相信他們的夢。每天早晨，你都會發現那只是自己的想像，但是到了夜晚，你卻一再成為它的受害者。當夢境上演，你又開始相信它。

在靜心的途徑上，這種固執的做夢機制必須放鬆下來。葛吉夫過去總是對他的門徒說：「除非你能在夢中記得那是夢，否則你永遠無法覺醒。」全世界就是一個夢——夢是個私人世界，而世界是共同的夢。如果你無法在做夢時覺醒，就不可能在清醒的時候覺醒，因為現在這個夢非常巨大，而且創造這個夢的不只是你自己的能量，而是所有人的能量。那將會很艱難。如果你無法在自己的夢境裡，在你自己一個人就可以決定、別人無法干涉的時候，看出其中有某種虛假……

那完全不干別人的事。你無法邀請任何人進入你夢中，因為那是私人的。夢完完全全是個私人的世界。你無法邀請任何人進入你夢中，你無法詢問任何人對你的夢有何意見——是真實或虛假的。它完全取決於你，而如果你連這樣都無法覺醒過來，你怎麼可能在一個更巨大的**馬雅**幻相，也就是作為這世界的巨大幻覺中醒來？

因此葛吉夫總是說，首先要努力在夢中覺醒，將夢視為一個夢。他有一些如何在夢中覺醒的技巧，他會教導門徒，在他們每天晚上就寢時不斷懇切地、盡可能熱切地重複告訴自己：「這次當我開始做夢時，我會舉起手摸我的頭。當我一摸我的頭，我就會記得這是一個夢。」有好幾個月的時間，門徒會一起如此思考、如此自我暗示。每晚入睡之際，他們會一再重複，而且帶著深切與熱情的心這麼做，好讓它深入頭腦的無意識層次。

當它進入到比夢更深的層次時，有一天，它發生了：做夢的時候，你的手自動舉起來摸你的頭，突然間，他記起了這是一個夢。但是當他一記起這是一個夢，這個夢就凋落、消散了。他在睡眠中是清醒的，夢已經離開了他。

如果夢中覺醒的情況發生了，隔天早晨整個世界將徹底改觀。它不再是同樣的世界了，因為你的眼光是清楚的，你已獲得了某種清晰的視野。現在，夢已經無法欺騙你了，現在，你會如是看待事物，你不會投射。

要小心想像力。你會想要我告訴你說：是的，那是我。如果是我在敲你的頭，你會覺得很滿足。人們總是喜歡相信奇蹟，因此奇蹟會發生，因為人們喜歡相信。人們在相信自己的夢時覺得很快樂，他們繼續將能量投入至他們的夢裡。你就是以這種方式在這夢幻世界生活了許許多多世。

我無論如何都不打算配合你。那純粹是個想像，你想像出它。現在你還需要我的協助嗎？

海爾姆村[5]的拉比[6]在準備布道時受到一群孩童的打擾，為了要把他們趕走，於是他朝著窗戶大喊：「快點去河邊，有一隻可怕的怪獸在水裡。牠正在噴火，是一隻很醜的龍。」孩子們便奔跑到河邊，要看看是怎麼回事。大人們也跟著他們這麼做，於是人群越來越龐大。

拉比看見這一大群湊熱鬧的人在奔跑，他問：「大家要跑去哪裡？」

「河裡有一隻龍在噴火，是一隻很醜的綠色的龍。」

拉比於是加入了奔跑的人群。「的確，是我編造的，」他邊喘氣邊想：「不過，你永遠不知道事情會如何。」

你或許創造了某件事，但如果其他人開始相信它，你也會開始相信它。這只是你的想像。如果我說：「是的，那是真的。」那麼你就會立刻相信它，而且你認為自己本來就相信那是我。你只是將我的支持用於你自己的夢。

頭腦是個大騙子，它不斷欺騙你。要小心頭腦的詭計。

有個小女孩總是愛說謊。如果有人給了她一隻聖伯納犬，她就會出去告訴所有的鄰居有人給了她一隻獅子。

她母親把她叫來，對她說：「我告訴過妳不要說謊。妳去樓上向神說對不起。答應神妳永遠不會再說謊。」

於是她上樓去，說了她的禱詞之後便下樓了。

她母親說：「妳向神說對不起了嗎？」

小女孩說：「是的，我說了，而且神說有時候祂也很難分辨那是我的狗還是獅子。」

事情就是如此繼續。但我無論如何不會幫你，因為任何幫助的暗示都將對你造成很大的殺傷力。在靜心的途徑上，在禪的途徑上，所有的想像都必須避免。你必須對它無動於衷。

你進入靜心越深，就有越多想像試圖擾亂你，這不是什麼新奇的現象，過去它一直在發生。所有的偉大靜心者都曾遭遇這樣的事。佛陀被摩羅[7]，也就是魔王所擾亂；耶穌被魔鬼所擾亂；蘇菲神祕家被撒旦所擾亂。沒有撒旦、沒有摩羅、沒有魔鬼——真正的惡魔就在你的頭腦裡，也就是想像。

⑤譯注 Chelm，波蘭猶太民間故事中經常出現的傻人村。

⑥譯注 Rabbi，猶太教祭司。

⑦譯注 Mara，梵文意為「疑迷」。

有些關於印度教先知的故事是這麼說的：當他們達到靜心的最後階段時，他們會受到因陀羅（Indra，又名帝釋天）的擾亂。他會派遣美女，也就是仙女（apsaras，飛天）來使他們分心。但是，為何會有人想要擾亂這些可憐的聖者？何必呢？他們並未對任何人造成傷害。他們已經拋棄了這個世界，他們只是在喜馬拉雅山上，坐在他們的樹下或山洞裡。何必要派美女來騷擾他們？

沒有人派什麼人去，沒有這種代理公司。是想像力在玩最後的把戲，當你的靜心非常深入，就激發出更深層的想像。在一般情況下，當靜心不在時，你是活在頭腦的表層。當然，你的想像也僅止於膚淺的程度。而隨著你的靜心越來越深入，更深層的想像將會揭露予你，它們會顯得更加真實。它們會真實到你甚至完全想不到它們可能是想像的。

現在，你甚至可以證明它們不是你的幻想。例如，這個頭被敲了兩次的人，他甚至可以給別人看他的頭，你還會發現他頭上有被打的痕跡。現在，他會說：「這怎麼可能是想像的？沒有人打我——可是卻有這些痕跡在？」那麼，可以問問了解催眠的人。在深度催眠的狀態下，如果催眠師暗示他在你手上點火，其實他什麼都沒做——你的手也會被灼傷。現在，到底發生了什麼事？那只是想像力發揮了強大的作用，使得身體也受到了想像的控制。因此如果你認為自己很美，你就會變美。如果你認為自己很醜，你就會變醜，你的想像能夠塑造你的身體。

那就是火行者（fire walker）運作的方式。如果你的想像深入控制了你，說你不會被燒傷、神會保護你，你就不會被燒傷。但如果你的頭腦生起一絲即便是非常微小的懷疑，你也會立刻被燒傷。因為那個微小的懷疑是你想像的漏洞，讓你不再受到一己幻想的封印所保護。

因此，你靜心得越深入，想像的遊戲也會隨之越深入。有時候它會變成仙女、美麗的女子，翩然起舞，煽動你、誘惑你。有時候，它會以一個嘴裡噴火的龐然巨獸出現。或者，它會以你能想像得到的任何東西包圍住你，如果你受困其中，如果有任何一刻你忘記了這只是想像，那麼想像就已經破壞了你在靜心裡的洞察與穿透，你已再度被丟回表面，那麼你就必須再次踏上找尋之路。因此，如果你正在坐禪，像那位提問者所說，那麼要記住這一點。

但這是個很好的跡象，你可以想像得如此之深，表示你的靜心非常深入。靜心越深入，想像也就越深入。只有在最後那個點到來時，靜心才會全面接管。在最後一刻之前，想像與靜心之間的掙扎會一直持續下去。有時候，幻想會如此美好……而這次不是那種美好的想像，你被打了兩次！然而你依然想要相信它，因為只要想到奇蹟開始發生在你身上，只要想到你的師父正在對你下功夫，只要想到他一直讓你保持警覺，在你快睡著時敲了你的頭兩次，都能非常滿足你的自我。

有許多美麗的幻想——它們會出現。花朵會從天空飄落，你幾乎可以聞到它們的香味。你很可能想像得非常深入，繽紛的玫瑰花落在你身上，而且你還可以聞到味道。那沒有關係——

但是某個經過你身旁的人可能也會聞到玫瑰花香！那麼它的力量就變得無比巨大！

這表示你的想像不止是被動的，而是已經變成主動的。你利用想像在體內製造了某種香味。你的身體擁有一切大地的元素。大地創造了玫瑰，如果沒有玫瑰花叢，你就無法在大地上聞到玫瑰花香，根本沒有香味。但是如果你放一叢玫瑰花在那裡，有一天，它突然開花了，香味於是出現了。大地涵納著這種香味，而玫瑰花叢協助這種香味表達出來。你的身體就是大地，它涵納了一切大地所涵納的東西。如果你的想像非常巨大，不止你會聞到玫瑰花香，其他人也會聞到。然而，它依然是想像的。你的想像發揮了像玫瑰花叢一樣的功能，它協助表達了某種隱含在你內在的東西。

人是大地。Human（人）這個字來自Humus，Humus就是大地的意思。希伯來文的Adam（亞當）也是來自一個代表大地的字根。我們是大地做成的，我們就是迷你版的大地，我們攜帶著大地所蘊藏的一切——那也是我們的潛能。一旦你給予協助，透過想像，你的潛能便開始成真。

但是在靜心的途徑上，即便是像這樣的美妙經驗也必須避免，因為一旦你涉入它們，就是涉入了頭腦，而我們所有的努力就是如何放下頭腦、如何擺脫頭腦。一旦頭腦不在，你就是完全與身體分開的——頭腦是橋樑，頭腦將你和身體連結在一起。頭腦放下了，身體在那裡，你在那裡，還有天空——成為完全分開的現實。那麼你就成了一個觀照者。

所以，如果下次這種事發生在你身上——這沒有魔法的魔法——你覺得頭被打了，別擔心被打的問題，只要保持覺知就好，只要看著它。無論它是真是假都無所謂，保持觀照者的身分。只要繼續當一個觀看者，無論如何都不要涉入其中，遲早它會消失的。一旦你學會了拋棄想像遊戲的技巧，對你會大有助益，因為隨著你越來越深入靜心，就會有越來越多的想像出現。一波又一波益發洶湧的想像浪潮會來襲、會經過你內在的存在，所以你必須小心、保持警覺。如果這對你來說難以辦到、不可能辦到，那麼靜心的途徑就不適合你。那麼愛的途徑、**巴克提**[⑧]與奉獻的途徑，這個不需要避免想像、反而要使用想像的途徑才適合你。那麼，你可以忘了所有關於坐禪的事，那個途徑不適合你。你也可以忘了所有關於佛陀和馬哈維亞的事，那個途徑不適合你。你可以轉而進入密拉[⑨]、柴坦亞[⑩]、穆罕默德的天地。你可以進入奉獻的世界。

記住，一件事在某個途徑上可能是助力，在另一個途徑上卻可能成為阻力。譬如，地上有

⑧**譯注** bhakti，梵文，宗教虔信之意。指印度教中對神的虔誠信奉與無條件之愛。

⑨**譯注** Meera，或 Meerabai，印度十五至十六世紀的一位神祕家與靈性詩人，烏代普爾國王之女，以其對克里希納無條件的愛與奉獻而聞名，作有一千多首詩歌。

⑩**譯注** Chaitanya，十五至十六世紀的印度教毗濕奴派聖者，確立了巴克提瑜伽（又譯奉愛瑜伽）的地位，被視爲克里希納的化身。

鐵軌，火車順著鐵軌行駛，它們是助力，沒有鐵軌火車就不能跑。但是，如果你開始在那些鐵軌上開車，困難就來了。它們對火車來說是助力，但是對汽車卻毫無幫助，汽車需要的是一條更寬闊的路、更多自由。所以，永遠記住，對一條途徑產生障礙的一件事，對另一條途徑來說，不一定是個障礙。

但是如果你選擇了坐禪……我想問這個問題的人會大大受益於坐禪這個途徑，因為這種讓他信以為真的想像表示他的坐禪產生效益了，他放鬆地進入了意識的更深層。

† † †

我體內有太多性能量滾滾燃燒著。當我跳舞的時候，我覺得自己好像要殺死全世界似的，而且在某些階段，我的體內有好多憤怒與暴力在沸騰，我無法將它們引導至靜心技巧上，它快把我逼瘋了。我不想進入性行為，但暴力的能量依然像火山爆發一般猛烈燃燒。我受不了了，請解釋如何讓這股能量獲得一個創造性的出口。

這個問題是由頭腦創造的，不是能量。傾聽那股能量，它正在告訴你正確的方向。製造問題的不是性能量——它從來不曾在動物、樹木、小鳥身上製造任何問題，這股能量會製造問題，是因為你的頭腦對它抱持了錯誤的態度。

這個問題是一位印度女子提出的。在印度，人們的整個教養過程都是反對性的，所以你製造了問題。然後，每當有能量出現，你就會感覺那是性能量，因為你內在仍有某件事不完整。尚未獲得滿足的事將永遠伺機而動，它會主張擁有能量、剝削能量。

動態靜心法會製造出許多能量，許多隱藏的來源打開了，會有新的來源供你取用。如果性依然是個尚未被滿足的欲望，那麼這股能量將會開始移向性。如果你靜心，你會變得越來越充滿性欲。

讓我告訴你一件發生在印度的事。耆那教僧人因為性能量的關係完全不再靜心了。他們忘了靜心這件事，因為他們非常壓抑性，以致於每當他們靜心，能量就會升起。靜心帶給你巨大的能量，它是永恆能量的來源，你無法耗竭它，因此每當能量升起，他們就開始覺得充滿性欲。於是他們變得害怕靜心，他們放棄了它。馬哈維亞給予他們的一件最重要的東西，他們竟然放棄了，而那些非必要的——禁食、儀軌——他們反而繼續保持。他們帶著一種反對性的態度。

我不反對性，因為我不反對生命。因此，你認為有問題的地方並沒有問題：問題在於你的腦袋，不是你的性腺。你必須改變你的態度，否則無論你做什麼事，都將被你的性概念染上一層色彩。你若靜心，它就變成充滿性意味；你看著某人，你的眼睛會充滿性意味；你觸摸某人，你的手也變得充滿性意味；你吃東西，吃東西這件事也會變得充滿性意味。

否定性的人會開始吃得更多，你可以在生活中觀察到這樣的事。性能量自由流動的人不會很胖，他們不會吃太多。愛是如此令人滿足、愛是如此充實，他們不會不停把食物往身體裡塞。當他們無法愛，或當他們無法允許自己進入愛的時候，他們就會開始過食，那變成一種替代活動。

去看看印度教的僧人，他們繼續在堆積不必要的脂肪，他們變得很醜，那是一個極端。在另一個極端，則是不敢吃東西的耆那教僧人，因為他們擔心一旦吃了，食物就會釋放能量，而那股能量會立刻移向伺機而動的、未獲滿足的欲望裡。首先它會流向未獲滿足的、懸在途中的經驗——那是第一個需求，所以能量流至該處。身體有它特定的經濟學：哪裡最需要能量，能量就往哪裡去。需要，有它的優先次序。一個一直在否定性的人也會有他的優先次序——性將會成為次序清單上的第一項，每當有能量可供取用，它就開始流向那最沒有獲得滿足的欲望。所以，耆那教僧人沒辦法盡情地吃，他們害怕，而印度教僧人則是吃太多。問題是一樣的，但他們各自以兩種極端的方式來解決。

如果你吃太多，你會開始從吃東西、從將肚子填得飽飽的來獲得某種性享受。太多食物會造成昏沉，太多食物永遠是愛的替代品，因為孩子第一個接觸到的東西就是母親的乳房。乳房是關於這個世界的第一個經驗，而乳房為孩子提供了兩種東西：愛與食物。

因此，愛與食物變得深深糾纏在一起。每當愛缺乏了，你那孩子般的頭腦就會想：「拿多一點食物，補充它！」你觀察過這件事嗎？當你覺得充滿愛的時候，你的食欲會消失，你不會覺得胃口很大。但是每當愛缺乏了，你就開始吃太多，現在你不知道該這麼辦了。愛填充了你內在的某個位置，而現在那個位置是空的，除了用食物填滿它之外，你不知道有什麼別的辦法。你藉著否定自然、拒絕自然而製造出問題。

所以，我想告訴發問者，這不是靜心的問題。女士，妳需要愛。妳需要一個愛人，妳需要勇氣進入它。

進入愛是困難的——有許多潛藏的恐懼。愛所製造的恐懼就像其他一切事物一樣多，因為當你開始接近對方的那一刻，你必須走出你自己。誰曉得會如何呢？對方或許接受你，也或許拒絕你。恐懼生起，你開始覺得猶豫——要不要採取行動，要不要接近對方？因此，在全世界過去那些懦弱的歲月裡，人們決定用婚姻代替愛，因為如果開放人們去愛，那麼只有非常少數的人能夠愛。大多數的人將會到死都沒有愛，他們會沒有愛地拖著生命過日子。

因為愛是危險的……當你開始走向另一人的時候，你幾乎是衝撞了另一個世界。誰知道你的接近會被接受或拒絕呢？你怎能確定對方會對你的需要、你的欲望說「是」呢？對方是否會帶著慈悲、充滿愛意？你怎麼知道？他可能會拒絕你，他可能會說「不」。你可能會說「我愛你」，但有什麼能保證他也會對你懷著愛意？或許他不會，沒必要非得做這件事不可。擔心被拒絕的恐懼非常容易令人動搖。

所以，狡猾與聰明的人決定乾脆不要動，繼續保持一個人，那麼至少你不會被拒絕。你可以繼續帶著沒有人曾拒絕過你的想法來增強你的自我——雖然那個自我完全無能，而且完全不足以滿足你。你需要被需要；你需要一個人接受你；你需要有人愛你。因為唯有當某一個人愛你的時候，你才能愛你自己，在這之前是沒辦法的。當一個人接受了你，你才能接受你自己，在這之前沒辦法。當另一個人與你一同感到快樂，你也會開始對自己感到快樂，在這之前沒辦法。另一個人變成了一面鏡子。

每一段關係都是一面鏡子，它反映出你自己。沒有鏡子，你要如何認識自己？沒有辦法。對方的眼睛變成像鏡子一般，而當一個人愛你的時候，那面鏡子非常、非常贊同你；對你感到非常、非常開心，感到非常愉悅。在那些愉悅的眼睛裡，你被反映了出來，而且頭一次，你生起了一種接受性。

然而你從一開始就是被拒絕的，這是這個醜陋的社會結構的一部分，讓每個孩子都覺得自己是不被接受的。如果他做了某件好事——當然，是父母認為好的事情——如果他做了，他就被接受；如果他做了某件錯事——父母認為錯的事——他就被拒絕。遲早，孩子會開始覺得：「我自己的樣子、我本來的樣子是不被接受的，而是我所做的事。被愛的不是我的存在，而是我的作為。」這製造出深深的自我拒絕、深深的自我憎恨，他開始痛恨他自己。

如果你不墜入愛河，如果你不去尋找能夠接受你的愛人與朋友，你將會一輩子帶著那份拒絕。愛是必須品，你必須經歷過它。有一天，你可以走出它；有一天，你可以超越它——它必須被超越——但是如果你從來不進入它，要如何超越它呢？

所以，不要害怕。拋棄腦袋裡所有的胡說八道。是的，會有恐懼，你或許會被拒絕，但是不要害怕那種恐懼。你必須冒這個險，唯有如此某人才會出現然後接受你。如果你已經敲了一百道門，其中九十九道門都是關閉的，不要害怕——其中有一道門會開啟。有一個人在等著你，有一個人會透過你而獲得滿足，而你也會透過他獲得滿足。有一個人在等著成為你的一面鏡子，因為有人在等著讓你成為他自己的一面鏡子。除了繼續敲門、摸索之外，沒有別的辦法知道那個人是誰。它是一種冒險，但生命就是一場冒險。

所以，一些非常聰明的人錯過了生命，他們從不冒險。他們害怕跌倒，所以從不走路；害怕溺水，所以從不游泳；害怕被拒絕，所以從不投入愛裡；害怕失敗，所以從不努力完成一件事——他們的生命根本不是生命。他們在死亡之前就已經死了，他們在真正死亡之前已經死過很多次。他們的整個生命只不過是個逐漸死亡的過程。

生活，熱烈地生活，如果某人無法愛你，不要認為那是針對你個人的冒犯——沒有這個必要。你已經準備好了，你有能力愛的。如果對方不願意，那必須由他來決定。不要讓它成為一道傷口，它並不是。那只是表示你們倆不適合——如此而已——它並未道出關於你或對方的任何事。不要說對方錯了，也不要認為你沒有被接受是因為你錯了，那僅代表你不適合罷了。對方沒有欺騙你是件好事，他說：「抱歉，我對你沒有任何愛意。」至少他是誠懇的、真誠無偽的。因為如果他在表面上說了「是」，你的生活會變得一團糟。要真實，當你愛的時候，說出來，當你不愛的時候，也要說出來。保持真心、誠意。

世上有這麼多美麗的人，為何一直與自己在一起？與某個人一起走一段路吧，感受一下那種韻律。那種韻律能夠滿足你，然後那股衝動就會消失。而當那樣的衝動消失了，你的靜心就會成為優先次序的第一項。唯有在你不否定自己內在自然的那一部分時，靜心才能成為優先次序的第一項。

一個一直在禁食的人無法靜心，因為他一靜心就會想到食物，每當他一閉上眼睛，他就看見食物。一個否定愛的人無法靜心，每當他一靜心，性意念會立刻包圍住他。

滿足所有的自然需求吧，它們沒什麼錯。食物、性哪裡不對了？一點問題也沒有。滿足它們，要非常自然，讓你在靜心時沒有別的事情等著你去關注。如果你滿足了你的自然需求，你會看見你的夢消失了。在夜晚你不會做夢，因為沒有什麼事可以做夢。禁食會讓你夢見食物；強迫自己禁欲，會讓你夢見性。如果你自然地流動，如果你在自己和自然之間發現了一種和諧的旋律……那就是我稱為**法**（dharma）的東西，那就是我稱為生命究竟法則的東西。發現自己幾乎時時刻刻都處於韻律當中。有時候，即使你的腳步亂了，就再度回來，記得再次回歸韻律的軌跡。保持與自然同步，你就能抵達目標；保持與自然同步，你就會找到神。你甚至可以把神忘了，但是依然可以找到祂——如果你能忠於自然。因為當較低的需求滿足了，較高的需求才會生起；當較高的需求滿足了，究竟的需求才會生起。這是生命的自然經濟學。

如果一個人處於飢餓狀態，他怎能了解音樂？在他飢腸轆轆的時候要求他聆聽古典音樂，完全是件荒謬的事，或者告訴他要靜心，或去坐禪……他無法思考任何關於佛陀的事、無法思考任何關於神或耶穌的事。他無法靜心，他的頭腦會搖擺、閃爍不定，它會一再跑到那空空的肚子上。不行，當第一種需求尚未被滿足的時候，他沒辦法去喜愛詩、喜愛音樂。讓他滿足第一種、最根本的需求——食物、棲身之所、愛——然後，能量將會突然間從較低層的世界釋放而出，他就會開始讀詩、聽音樂，他會開始享受舞蹈。現在，更高的需求生起了：他想要繪畫或雕刻。這些是奢侈品，它們只有在較低的需求獲得滿足之後才會出現。而當這些較高的需求也獲得滿足了——你喜愛音樂、欣賞音樂；你喜愛詩，也享受詩；你畫畫、舞蹈——有一天，你會看見有一種新的需求正在生起，它稱為究竟的需求：靜心、神、祈禱。

如果第一個需求沒有獲得滿足，第二個就不會生起，第三個也就不可能生起。如果第一個需求滿足了，那麼第二個需求就可能生起，你也可以瞥見第三個需求發生的可能。當第二個需求獲得滿足，第三個自然會自動生起。

幾天前，在亢達里尼靜心的時段，有兩隻狗在旁觀。一會兒之後，其中一隻狗看著另外一隻說：「我如果做出那樣的行為，他們會餵我吃驅蟲藥。」

當然，狗的頭腦就是狗的頭腦，牠有自己的世界、自己的字彙、理解和概念。牠只能認為那些在做亢達里尼靜心的人要不是肚子裡有蟲就是瘋了。這對狗的理解角度來說是十分自然的事。

你的頭腦好幾個世紀以來一直被那些不了解你真實需求的人所制約。他們根本不在乎，他們另有所圖，而他們控制得非常好……他們要的是控制人們。而最簡單的方法就是製造罪惡感——如此就能夠輕易掌控人們。一旦有了罪惡感，你很容易就能受控制，被張三或李四控制，你就是會被控制。一個心存罪惡感的人永遠無法對自己感到自在，他無法有任何自信，他知道他錯了，所以他會尋找一個領導者、尋找一座教堂、尋找一個人來帶領他。他沒有自信心，因此這種需求就會出現。政客、教士等非常努力在每個人身上製造罪惡感。現在，這種罪惡感製造出麻煩。

拋下它吧，生命是你的，它不是任何其他人的。沒有任何的政客、教士與它有關。別讓任何人干涉你的生活，它完完全全是屬於你自己的。

你的身體會給予你正確的指引，身體非常有智慧，頭腦是晚近才新來的。身體已存活了數百萬年之久，它知道需要的是什麼。干涉的是頭腦，頭腦非常不成熟，身體非常成熟，傾聽你的身體在說什麼。

當我說傾聽你的身體時，不表示繼續受制於你的身體。如果你傾聽身體的聲音，身體不會對你說任何事——事情會自行安頓好。當身體是安適、放鬆、沒有緊張的，身體不再為某件事抗爭，不會因為你無法滿足某個需求而試圖爭取你的注意，當身體平靜、安穩，你可以高高漂浮，你可以高高飛起，你可以成為一朵白雲，但這只有在身體的需要真正被照顧好之後才會發生。身體不是你的敵人，它是你的朋友。身體就是你的大地，身體擁有你所有的根。你必須在自己和身體之間找到一座橋樑，如果你不去找一座橋樑，就會持續與身體產生衝突——一個不斷與自己抗爭的人永遠是不幸的。

第一件事就是與你的身體建立和平契約，而且永遠不要違約。一旦你與身體建立了和平契約，身體會變得非常、非常友善。你好好照顧身體，身體也會好好照顧你——它會變成一個無價的寶貴工具，它會成為一座廟宇。有一天，你的身體將會以神之殿堂的面貌顯露予你。

一個人可能帶著絕對、全然的強度完全沉浸在做一件事——例如做這些動態靜心技巧——而同時又保持是一個分開的、分離的觀照者嗎？

†††

你以為觀照者是分離的、分開的，但並不是。你的強度、你的全然，就是你的觀照。因此，當你在觀照並做著某件事情時，你並未一分為二——做者就是那個觀照者。

例如，你在跳舞。你正在跳舞：舞者與觀照者並不是兩個，其中沒有分別，分別只存在語言當中。舞者就是那個觀照者。如果舞者不是觀照者，你就無法全然地跳舞，因為觀照需要一些能量，如此你必須分裂自己，讓一部分的自己保持觀照，剩下的部分移向跳舞。這不可能是全然的，這是分裂的。它不該是那樣子，因為那其實是精神分裂的狀態——分裂的、切割的，那是病態的。如果你一分為二，你就是病了，你必須保持一體。你必須全然投入舞蹈，而你的全然性將會成為那觀照，它不會變成某種分離的東西，你的整體性在覺知。這會發生。

所以，不要試圖分裂自己。當跳舞的動作變成了那支舞，只要保持敏銳覺知，不要睡著，不要變成無意識的。你不是在藥物的麻醉下行動，你非常覺知、完全警覺的。但是這種警覺性不是讓自己的一部分漠然旁觀，它是你的全然性，它是你的整個存在。

只有在語言上你會顯得一分為二，舞者與觀照者，但是你在深處是合一的。整個舞者都是警覺的，那麼就只有平靜、平衡、寧靜會發生在你身上。如果你是分裂的，就會有緊張，那緊張將會阻礙你全然存在於此時此地並融入存在中。

所以，記住，不要試圖分裂。成為那位舞者同時保持覺知。這會發生，我是根據我的切身經驗這麼說的，我是根據許多和我一起下功夫的人的經驗這麼說的。這也會發生在你身上，這或許已經發生在許多人身上了。但是記住這一點：不要分裂，保持一體而依然保有覺知。

†††

過去我似乎可以靜心——我想。一種美好的、寧靜的、透明的狀態總會從某處降臨，我假設這就是靜心吧。現在，除了疾速奔馳的頭腦之外什麼都沒有發生。這是怎麼回事？

事情幾乎總是如此。當你感到有一種靜心發生在你身上的時候，就是你不尋找它的時候——它發生在你身上。現在你試圖讓它發生，這就是最大的不同。生命中所有真正有價值的事只能**自己**發生；你無法強迫它們發生，你無法去**做**它們。或許是靜心，或許是愛，或許是至福，它或許是寧靜……任何超越頭腦的事都不是你的能力所能「做」的。你只能做那些頭腦領域的事。

頭腦是做者，但是你的存在本質不是個做者。你的存在本質只是一個開放的地方，對發生的一切深深接受，沒有抱怨、沒有怨恨——只有純粹的感激。而那個，也不是由你所做的，那也是自動發生的一部分。我們必須非常清楚地做出這個區別，幾乎每個人都感到疑惑。某件事發生在你身上——它是如此美好、莫大的福佑——頭腦卻立刻開始想：它應該發生更多、它應該更常發生、它應該更加深刻。當頭腦介入的那一剎那，它就打擾了一切事情。頭腦是那個魔鬼，那個破壞者。

因此一個人必須非常小心，不該讓頭腦介入超越頭腦之事。頭腦能夠完美地執行機械性的事，做一個技術員，這它很在行。給你的頭腦它所擅長的事，但是不要讓它干涉超出它能力範圍的事。但是，其中一個問題就是頭腦無非就是欲求——不斷欲求更多。就「作為」的世界而言，你可以有一間更大的房子、你可以有一間更好的房子、你可以有更好的家具——你可以將每件事做得更好，那是頭腦能力範圍之內的事。

但是超乎頭腦之外的……頭腦只能欲求，而每一個欲求注定會遭到挫敗。它帶來的不是更多靜心，反而是更多挫折；它帶來的不是更多愛，反而是更多憤怒。它不會帶來寧靜與和平，而是帶來更多紛飛的思緒——而這幾乎發生在每個人身上。因此，一個人必須成長而脫離這種現象。

你說：「過去我似乎可以靜心。一種美好的、寧靜的、透明的狀態總會從某處降臨，我假設這就是靜心吧。」你既不期待它，也不欲求它，它只是一個訪客，就像一陣吹向你的微風，你無法留住它，你也不能命令它前來。它要來的時候就會來。一旦你了解這一點，你就會停止努力嘗試。

你聽過這種說法：「一試再試。」我想對你說：「一再停止再試。」每當費力嘗試的概念生起，立刻丟掉它。它只會引導你走向失敗、走向挫折，而如果可以丟掉它……每個人都可以丟掉它，因為它從未帶給你任何東西。丟掉失敗、挫折、絕望、無望會有什麼問題呢？只要丟掉它，忘掉所有關於靜心的事。

有一天，突然之間，你會發現有扇窗開啟了，閃耀著全新光芒的清新微風填滿了你的心。不過，同樣地，不要犯相同的錯！對發生的一切心存感激，但不要要求更多——更多將會自己發生。不要要求說：「再來一次吧！」——你的要求將成為障礙。

它會再度來臨，它會更常來臨。慢慢地、慢慢地，它會成為你的心跳，無論是走路、睡覺，它永遠在那裡，它永不會離開。但它不是你的作為，你無法自誇說「我做了這件事」，你只能說：「我允許那未知的對我這麼做。」偉大的經驗總是從那未知的進入我們小小的心靈，我們若努力嘗試得到它，就會變得很緊繃，而那緊繃會阻礙它們到來。

當你不費力嘗試而且很放鬆的時候——甚至也不會多此一舉地特別在意靜心之類的事——你

會突然發現那未知的腳步，有個來自無處的東西正在接近你。看著它，但是要帶著驚奇，而不是欲求。看著它，但是要帶著感謝，而不是貪婪。

你說：「現在，除了疾速奔馳的頭腦之外什麼都沒有發生。這是怎麼回事？」你覺知到了未知，品嘗到了一點靜心的滋味，然後就變得貪心、有所欲求。你的欲求和貪心破壞了這整個遊戲。但是，你依然可以讓一切回歸正確的方向。你看見頭腦不斷奔馳，就讓它奔馳吧——你只要看著就好，當一個旁觀者、一個觀察者。

只要看著頭腦，那是生命最大的祕密之一，因為它並未顯示它能發揮什麼作用，但是它的的確確發揮了作用！當你只是觀看著、保持淡然、不感興趣，好像那些思想和你毫無關係，它們就會變得越來越稀薄，那麼頭腦裡奔馳的思緒就會變少。

慢慢地，慢慢地，有一些小縫隙會出現，在那些小縫隙當中，你會瞥見自己曾擁有過的體驗。但是你不要一頭撲向它，不要貪心。享受它，它也會過去，不要企圖緊抓著它。思想會再度來臨，縫隙也會再度來臨，更大的縫隙。慢慢地、慢慢地，更大的縫隙會出現，而頭腦將會成為空無。

在那空無的頭腦中，那超越的就能夠進入你，但基本條件是你不能執著地緊抓住它。如果它來臨——很好，如果它不來——那也很好。或許你尚未成熟，或許時間未到——即便是如此，依然要心存感激。一個人必須學習觀看和感激，即使你內心深處想要事情發生，但卻什麼事都沒發生，也要心存感激。或許這對你來說時機不對；或許它無法幫助你成長。

我常告訴你們一個名叫朱奈德（Junnaid）的蘇菲神祕家故事。他是曼蘇爾[11]的師父，而因為曼蘇爾的關係，他變得非常有名——因為曼蘇爾是朱奈德的門徒。

朱奈德每一年都會去伊斯蘭聖地卡巴天房（Kaaba）朝聖，那裡距離他住的地方不遠，伊斯蘭教徒傳統上一生至少要前往卡巴天房一次，否則就算不上是圓滿的伊斯蘭教徒。由於卡巴距離他家實在太近了，所以每一年他都會與門徒前往朝聖。他是那種具有革命精神的聖人，事實上，任何不具革命精神的都不是聖人——只不過是虛有其表、一個演員、冒牌者，以及偽君子。

朱奈德路過的村莊居民都用怒氣對待他，一些村裡的居民甚至憤怒到不給他任何東西吃，連水也不給他喝，而且不允許他在村裡過夜。

伊斯蘭教徒一天祈禱五次，那是朱奈德慣常的祈禱方式，然後在每次祈禱之後，他都會將手舉向上帝說：「我多麼感謝您。我如何才能表達我的感謝呢？您在各個方面看顧我，您的慈悲沒有盡頭；您的愛無邊無際。」

⑪譯注 I-Hillaj Mansoor，第九至十世紀的伊斯蘭教蘇菲派代表人物，當過彈棉工，亦稱哈拉智。

門徒們覺得疲倦不堪，因為一天要五次，而且在一些情況下，他們看見神並沒有看顧他們——他們得不到食物、沒水喝、在沙漠酷熱的豔陽下沒有一處遮蔽之地……有一回，他們連續三天被都趕了出來、被扔石頭，沒有人提供他們食物、水，或遮風擋雨的地方，但是朱奈德繼續以同樣的方式祈禱。

第三天，門徒們抓狂了。他們說：「真是受夠了。你為何要說：『您很慈悲，您的愛很偉大，您在各方面看顧我們』？已經三天了，我們什麼東西都沒吃，我們快渴死了，而且也沒有遮風擋雨的地方可以睡覺。我們一直睡在沙漠裡，在寒夜中發抖。你到底在感謝什麼呢？」

朱奈德回答門徒的話值得我們牢記。他說：「這三天以來，你以為我看不見沒人給我們食物、我們被趕出來、我們被扔石頭、我們口渴難耐，這三天我們都露宿在沙漠的曠野中嗎？你看不出來我也察覺到這些事了嗎？但這不表示祂不看顧我們。或許這就是祂看顧我們的方式；或許這就是我們現在最需要的東西。

「當生活的一切都非常舒適、順遂的時候，很容易就可以感謝神，那種感謝沒有任何意義。這三天來我一直在看著，慢慢地、慢慢地、慢慢地，你們所有人在祈禱之後都不再感謝祂了，你們沒有通過測驗，那是個美麗的測驗。即使是死亡降臨到我身上，我也會帶著感激死去。祂給予我生命，祂也能帶走它。那是祂的，也將會是祂的。我算什麼，怎麼可以干涉祂的事情？」

所以，會有一些時候，你找不到任何安詳、寧靜、靜心、愛，以及福佑的片刻，但是別失去希望。或許這樣的時刻是需要的，如此才能將你結晶起來，讓你更強壯。不要在一切順遂的時候才心存感謝，也要在一切都出錯的時候心存感謝。一個能在一切事情都出錯的時候心存感謝的人，才是真正懂得感謝的，他深知感謝的美好。對他而言，事情可能永遠都出錯，但是他的感謝具有如此強大的轉化力量，那將會改變一切。

因此，不要擔心奔馳的頭腦，就讓它奔馳吧。允許它盡情奔馳，別去阻礙它，別試圖停止它——你只要當一個觀看者。來到頭腦外面，讓頭腦去奔馳，很快地，基於自然律，幾乎沒有例外地，縫隙會開始出現。當縫隙出現，也別對它太高興地這麼想：「我終於等到它了！」保持放鬆，同時享受那些縫隙，但是不帶任何貪心與欲求的念頭，因為它們也會消失，而且如果你變得貪心，它們會消失得更快。如果你不貪心、不欲求，它們可能會停留得久一點。

這就是靜心的整個訓練。很快地，頭腦完全安靜、充滿喜悅、寧靜的那一天將會到來。但是記住，那不是你的作為，即便你只有一個片刻認為那是你的作為，它也可能會消失。永遠記住，你是整體存在的作為。一切偉大的事物之所以發生在你身上，都不是透過你的努力而來，而是透過你保持放鬆的開放性、接受性。

只要讓你的門保持敞開就好。

客人將會來——從沒有例外。

客人總是會來。

派特的兒子當了演員，有一天，他非常興奮地匆匆忙忙回家找他父親。「猜猜怎麼了，爸，」他宣布：「我獲得第一個角色了。我扮演一個已經結婚二十五年的男人。」

「繼續努力，兒子，」派特說，「有一天你也會獲得可以說話的角色。」

在你的例子裡，情況剛好相反。現在你處於說話的角色，只要繼續努力，有一天你一定也會獲得一個安靜的角色。但是沒有什麼好擔心的，生命必須要以遊戲的心情、以豐富的幽默感來對待。無論境遇是好是壞，無論事情發生或沒有發生，無論春天是否來找你，有時候，春天不會來找你……

記住，就超越頭腦之事而言，我們不是做者，我們只是接受者，而要成為一個接受者，你只要成為自己頭腦的觀看者即可，因為透過觀看，縫隙才會出現。在那些縫隙當中，你的門開啟了。然後透過那扇門，星星可以進入你、花朵可以進入你。即使是星星與花朵進入了你，也不要貪心，不要試圖留住他們。它們從自由而生，而你應該記住，它們唯有在自由當中才能與你同在。如果你破壞了它們的自由，它們也會遭到破壞。它們的自由就是它們的精神。

我在數以千計的人身上不斷遭遇這種經驗，當他們第一次來靜心時，靜心非常容易發生，因為他們對它一無所知。一旦它發生過了，真正的問題就來了——接著他們會想要得到它、他們知道它是什麼了，他們開始欲求它。他們貪求它。它發生在別人身上，卻沒有發生在他們身上，然後，嫉妒、欣羨、各式各樣的錯誤開始包圍他們。

在超越頭腦之事這方面，永遠保持天真，永遠做一個業餘者，不要變成一個專家——那是很可能發生在任何人身上的一件最糟糕的事。

附錄　奧修那達布拉瑪靜心

奧修那達布拉瑪靜心（Osho Nadabrahma Meditation）是一種咒語靜心，咒語是最具潛力的方法之一。它非常簡單，效果卻非常強大，因為當你唱誦一句咒語或唱誦一個聲音，你的身體會開始震動，特別是你的腦細胞也會開始震動。

如果做法正確，你的整個大腦將會震動得極劇烈，整個身體也是。一旦身體開始震動，而你的頭腦也已經在唱誦，它們兩者會落入和諧的頻率。兩者之間產生一種和諧——這在平時是不存在的。平時你的頭腦會走自己的路，身體也繼續走自己的路。身體一直吃東西，頭腦一直想東西。身體一直走在路上，頭腦卻跑到遙遠的星星上。它們倆永不相會，繼續各走各的，這製造出分裂。

這種基本的精神分裂出現，因為身體持續走向一個方向，頭腦也持續走向另一個方向。你是第三種元素，既不是身體也不是頭腦，因此你被這兩者拉扯撕裂。你存在的一半被身體拉扯，另一半被頭腦拉扯，因而萬分痛苦，一個人會覺得被撕裂了。在咒語靜心裡——那達布拉瑪或任何形式的唱誦——這就是它的機制運作的方式：當你開始唱誦一個聲音——任何聲音都可以，甚至是「天靈靈地靈靈」之類的魔術臺詞也行——如果你開始在內在發出迴蕩的聲音，身體也會開始回應。遲早，有個片刻會來臨，屆時身體和頭腦將第一次一起走在同一個方向。當身體和頭腦都在一起時，你將從身體和頭腦解脫——你不再被拉扯得四分五裂了。

那麼，做為你真實存在的第三個元素——稱它為靈魂、心靈、真我（atma）或任何東西都好——第三元素將會安適自在，因為它不再被拉扯至不同方向。

身體和頭腦是如此全神貫注於唱誦，以致靈魂可以輕易地從它們之中溜出，不被看見，而且可以成為一個觀照者——它可以跳出來，然後看看頭腦與身體之間的這整個遊戲。那是非常美妙的韻律，因此頭腦和身體絕不會覺察到靈魂已經溜了出去……因為它們不會讓它輕易這麼做，不是嗎？它們將自己的所有物管得緊緊的，沒有人想要失去自己的所有物。身體想要支配靈魂，頭腦也想要支配靈魂，這是一個溜出它們掌控的狡猾詭計。它們在唱誦當中醉了，讓你可以溜出來！

所以，在那達布拉瑪靜心當中，記住：讓身體與頭腦完全在一起，但是你必須成為一個觀照者。脫離它們，輕鬆地、慢慢地，從後門溜出來，沒有抗爭、沒有掙扎。它們在暢飲美酒——你跑出來，然後從外面觀看……

這就是「狂喜」的英文字 ecstasy 的真正意思——停留在外面。留在外面，從外面看……那是極其平靜祥和的。它是寧靜，它是至樂，它是祝福。

這就是唱誦的整個祕密——那就是為什麼唱誦在數個世紀以來能夠如此盛行的原因。沒有一個宗教不唱誦，不使用咒語，但是，它也有危險之處！如果你不跳出來，如果你不變成一個觀照者，就會有危險——那麼你就錯失了整個重點。如果你和身體、頭腦一起醉了，你的靈魂也醉了，唱誦就會變成一種麻醉品。那麼，它就像是鎮靜劑一樣——它能讓你睡得很好，僅止於如此罷了。它是一首搖籃曲，很好——這沒什麼不對——但也沒什麼真正的價值。

所以，記住這個陷阱：唱誦是如此美好，因此一個人會想要失去自己。如果你失去自己，那麼很好，你享受了它的美妙韻律，一種內在的韻律，它很美而且你也很喜歡它，但是它就像藥物——那是一場迷幻之旅。透過唱誦，透過聲音，你在自己體內製造出某種藥物。

唱誦在身體製造出化學變化，而那些變化和大麻、迷幻藥（LSD）沒什麼不同。有一天，當研究人員更加深入靜心時，他們會發現唱誦會製造出化學變化——如同禁食也會製造化學變化。

在禁食的第七或第八天，一個人會感到興高采烈、輕飄飄地、毫無來由地非常快樂、愉悅——好像一切重擔都消失了。你的身體製造出某種化學變化。

我反對迷幻藥，就像反對禁食一樣。如果唱誦被當做藥物使用，我也會反對它。因此，要記住的重點是，你在使用聲音、唱誦、咒語時，不要讓它成為你一己存在的麻醉品。讓它成為你身體與頭腦的麻醉品，但是你要在自己被迷醉之前跳到它外面並看著一切。你看見身體在搖擺，你看見頭腦感到非常非常平靜、安穩、安靜。從外面看，像一團火焰般警覺。

因此，記得溜出來。讓身體迷醉、讓頭腦迷醉，讓它們為彼此陷入愛河，但是你要從它們當中溜出來。不要在那裡待太久——否則你會睡著。如果一個人睡著，那就不是靜心了，靜心意味著覺知。所以，記住這一點！

奧修那達布拉瑪靜心說明

那達布拉瑪是一種古老的西藏技巧，原本是在一大清早進行的。它可以在一天當中的任何時間做，一個人或和其他人一起做都可以，但是要空腹時做，而且之後至少需保持十五分鐘的不活躍。這項靜心歷時一個小時，分為三個階段。

※第一階段：三十分鐘

保持放鬆的姿勢坐著，眼睛閉上，嘴唇閉合。開始哼唱，聲音要大到讓他人也能聽見，並能在整個身體製造出震動。你可以觀想一根中空的管子或一個空的容器，其中充滿了哼唱的震動。有一個時刻會來到，也就是哼唱會自己持續下去，而你變成了聆聽者。不必做任何特別的呼吸法，如果你想要，也可以改變音高或慢慢地、平穩地擺動身體。

※第二階段：十五分鐘

第二個階段分成兩個七分鐘半的時段。前半段：掌心朝上移動你的雙手，向外劃圓。從肚臍的位置開始，兩手往外移動，然後向左右分開劃出兩個彼此對應的大圓圈。這個動作必須非常緩慢地進行——甚至要慢到看起來似乎沒有任何動作。感覺自己正在向宇宙給出能量。

七分半之後，將手掌翻過來，掌心朝下，然後兩手開始以反方向移動。現在，雙手將會朝著肚臍的位置移動、會合，然後再分開至身體兩側。感覺你正在接收能量。如同第一個階段的做法，不要壓抑身體其他部位任何輕微、和緩的動作。

※第三階段：十五分鐘

坐著或躺著，保持完全安靜、靜止。

給伴侶的奧修那達布拉瑪靜心

伴侶雙方面對面坐著，以床單覆蓋，握住彼此交叉的手。最好不要穿其他衣服，房裡只要點四支小蠟燭，可以點燃靜心專用的特別薰香。

閉上眼睛，一起哼唱三十分鐘。一會兒之後，你會感覺到彼此的能量相會、融合、合一。

關於奧修

奧修拒絕被歸類，他所做的數千場演講，議題涵蓋了個人對意義的追尋到當今人類在社會與政治上所面臨的迫切議題。奧修的書並非由他所撰寫，而是從他對國際聽眾所做的自發性演講錄音與影片謄寫而成。如同他曾說過的：「所以要記得：我所說的一切不只是對你說……我也是為了未來世代而說。」

奧修曾被倫敦《週日泰晤士報》（*Sunday Times*）形容為「創造二十世紀的百大人物」之一，美國作家湯姆・羅賓斯（Tom Robbinis）曾形容他為「繼耶穌之後最危險的一個人物。」《週日午報》（*Sunday Mid-Day*，印度）將奧修列為改變印度命運的十人之一——與甘地、尼赫魯（Nehru）與佛陀並列。

關於他的工作，奧修自己曾說，他在協助創造一種有利於新人類誕生的條件，他經常表示這種新人類的特質為「左巴佛」（Zorba the Buddha）——有能力享受希臘左巴的世俗之樂，也能夠擁有佛陀的寧靜安詳。

貫穿奧修演講與靜心所有面向的，是一個涵蓋過去無數世代的永恆智慧與今日（與明日）

科學最高潛能的願景。

奧修最為人所知的是他對內在蛻變科學所做的革命性貢獻，其中的靜心方法特別切合當代生活的快速腳步。他獨一無二的「奧修活躍式靜心」（Osho Active Meditation），是為了初步釋放身心累積的壓力而設計，使靜心者更容易將寂靜、無念而放鬆的經驗融入日常生活中。

作者有兩本自傳如下：

Autobiography of a Spiritually Incorrect Mystic

Glimpses of a Golden Childhood

奧修國際靜心村
Osho International Meditation Resort

地點：奧修國際靜心村是一座與眾不同的度假村，坐落於印度孟買東南方一百英里處一座繁榮的現代化都市普那市（Pune）。靜心村地處林蔭遍布的優美住宅區，是一座占地四十英畝的美麗園林。

特色：每年有來自一百多個國家的數千名參訪者來到靜心村。獨一無二的園區提供人們一個親身體驗全新生活方式的機會——更多的覺知、放鬆與歡慶，而且全年、全天候皆有各種課程可供選擇，什麼都不做、純粹放鬆也是其中一種選項！

所有的課程皆立基於奧修的「左巴佛」願景——一種擁有全新品質的人類，既能夠以豐沛的創造力投入日常生活，也能夠放鬆地進入寧靜與靜心。

靜心：全天安排適合各種人士的靜心活動，包括活躍式與被動式、傳統的與革新的靜心方式，特別是「奧修活躍式靜心」。靜心活動在堪稱全球最大的靜心大廳「奧修大廳」（Osho Auditorium）裡舉行。

多元大學（Multiversity）：提供個案指導、課程、工作坊等，範圍從創造性藝術到整體健康、個人轉化、關係與生活的轉換、工作靜心、內在科學，以及運動休閒「禪」等無所不包。多元大學之所以如此成功的祕訣在於，它的課程結合了靜心，充分理解身為一個人類，我們絕非僅止於身體各部位的總合。

芭蕉 Spa（Basho Spa）：豪華舒適的芭蕉 Spa 提供熱帶林木圍繞的休閒性開放泳池。Spa 中有風格獨具、空間寬敞的按摩浴池、三溫暖、健身房、網球場等……錯落在景致優美的環境中。

飲食：不同地點與類型的用餐區提供美味的西式、亞洲以及印度素食——多數是特別為靜心村而有機栽培的蔬果。麵包、糕點類由靜心村自己的烘焙坊製作。

夜生活：有許多晚間活動可供選擇——跳舞是首選！其他活動包括星光下的滿月靜心、綜藝節目、音樂表演，以及每日的靜心等。你也可以在廣場咖啡吧（Plaza Café）認識新朋友，或在這童話般環境中，散步於靜謐園林的夜空下。

設施：你可以在商店街（Galleria）買到所有的基本必需品和衛生用品，多媒體藝廊（Multimedia Gallery）販售有各式各樣的奧修媒體產品。園區裡也有銀行、旅行社，以及數位咖啡吧（Cyber Cafe）。如果你喜歡購物，普那市提供了各種購物選擇，從傳統的印度民族風產品到全球性品牌商店皆有。

住宿：你可以選擇住宿於高雅的奧修貴賓館（Osho Guesthouse），長期居留可以選擇一種長期住宿方案。此外，園區附近也有許多旅館與附帶服務的公寓。

www.osho.com/visit

LEARNING TO SILENCE THE MIND : WELLNESS THROUGH MEDITATION
by OSHO

This edition arranged with OSHO INTERNATIONAL
through Big Apple Agency, Inc., Labuan, Malaysia.

The material in this book is selected from various talks by Osho given to a live audience. All of Osho's talks have been published in full as books, and are also available as original audio recordings. Audio recordings and the complete text archive can be found via the online OSHO Library at www.osho.com

InSpirit 07

心的十四堂課：奧修最切合現代人需求的靜心指導

Learning to Silence the Mind

作　者　奧修 Osho
譯　者　蔡孟璇

野人文化股份有限公司

總 編 輯　張瑩瑩
副 主 編　徐子涵
責任編輯　陳瑞瑤
專業校對　魏秋綢
行銷經理　林麗紅
行銷企畫　蔡逸萱、李映柔
封面設計　江孟達工作室
內頁排版　藍天圖物宣字社

讀書共和國出版集團

社　長　郭重興
發 行 人　曾大福

出　版　自由之丘股份有限公司／遠足文化事業股份有限公司
發　行　遠足文化事業股份有限公司
地址：231 新北市新店區民權路 108-2 號 9 樓
電話：（02）2218-1417　傳真：（02）8667-1065
電子信箱　service@bookrep.com.tw
網　址　www.bookrep.com.tw
郵撥帳號　19504465 遠足文化事業股份有限公司
客服專線　0800-221-029
法律顧問　華洋法律事務所　蘇文生律師
印　製　博客斯彩藝有限公司

初版一刷　2013 年 08 月
二版一刷　2018 年 06 月
三版02刷　2023 年 04 月
I S B N　978-986-065-059-4（平裝）
I S B N　978-626-964-831-3（PDF）
I S B N　978-626-964-830-6（EPUB）

國家圖書館出版品預行編目（CIP）資料

心的十四堂課：奧修最切合現代人需求的靜心指導 / 奧修著；蔡孟璇譯 . -- 三版 . -- 新北市：自由之丘文創事業出版：遠足文化事業股份有限公司發行 , 2022.10
面；　公分
譯自：Learning to silence the mind : wellness through meditation
1. CST：靈修

192.1　　111012486

線上讀者回函專用 QR CODE，你的寶貴意見，將是我們進步的最大動力。

自由之丘官方網頁　自由之丘讀者回函